就活生・新社会人のための

プレゼンテーション入門

改訂版

～自己紹介からはじめるプレゼンテーションスキル

赤堀勝彦

改訂にあたって

本書は、2014年11月に初版第1刷、2016年12月に第2刷を発行しました。これから社会に出る人たちや若手社会人の方たちはもとより、保険会社の社員や代理店の方たちなど多数の方々から大変好評をいただきました。

その後、読者の方から「プレゼン上級者を目指す人のための参考になるヒントや情報をぜひ掲載してほしい」などというコメントをいただき、今般、第14章に「プレゼンテーション上級者を目指すためには」を追加して、全体を15章にまとめて改訂版として発行することになりました。

今回の改訂に際しては初版に引き続き、株式会社保険毎日新聞社出版部スタッフの方たちに大変お世話になりました。心から感謝申し上げます。

2019年6月

神戸市にて

赤堀　勝彦

（初版）はしがき

プレゼンテーションスキル（プレゼンテーション技法）はビジネスパーソンとして最低限身に付けておくべき技術の一つとして必須の能力となっています。現在では、大学生も研究会や演習（ゼミナール）などの中でプレゼンテーション（presentation）を行う機会が増えています。

プレゼンテーション（略して、プレゼンとも言います）とは、辞書（リーダーズ英和辞典）を引くと、発表、提示、紹介などの意味が書いてありますが、一般には、情報伝達手段の一種で、聞き手・聴衆に対して情報を提示し、理解・納得を得る行為を指します。

プレゼンテーションをする人（話し手）を英語ではプレゼンター（presenter）と言い、相手側の聞き手・聴衆をオーディエンス（audience）（本書では、聴衆・聞き手・相手などと表示）と言います。

プレゼンテーションを成功させるためには、プレゼンテーションスキルの基本を学び、積極的に実践することが大切です。

プレゼンテーションに必要とされる技術のベースとなるのがプレゼンテーションスキルです。いかに優れた専門知識を持っていてもプレゼンテーションのしかたが拙劣で聴衆にアピールしなければ効果はなくなってしまいます。

良いプレゼンテーションには、その内容がしっかりしていること、聴衆の興味を持続させる技術を持っていること、プレゼンターの個性が発揮されていること、の３つが備わっているものです。

本書では、大学生やプレゼンテーションの経験の少ない社会人の方たちのために、プレゼンテーションの心構え、説得力のある話し方などのプレゼンテーションスキルの基本を中心に分かりやすく、具体的、実践的に記述しました。また、就職活動を行う大学生のために「面接のときに好印象を与える自己紹介と自己ＰＲのスキル」などをプレゼンテーションスキルの一環として掲載しました。

さらに、本書の特色は、「理想的なスピーチの時間」や「乾杯のスピーチ」、「１分間スピーチのチェックポイント」などのように、ワンポイント・アドバイスなどを盛り込んだ“Coffee Break”を随所に設けていますのでスピーチの参考にしていただければ幸いです。したがって、本書は、プレゼンターを目指す方たちだけでなく、一般の方々が人前で話すときのコツも得られ、分かりやすい話し方のマニュアルとしても役に立つものと思います。

また、〈付録〉には「ビジネスマナーの基本」を掲載していることも類書にない本書の特色と言えます。

仕事と切り離せないマナーは、社会人としての資質を測る物差しとして重要視されています。就職活動を成功させるためにも、また、プレゼンテーションのときに良い印象を与えるためにも、ビジネスマナーをしっかり身に付けることが大切です。大学生だけでなく、マナーに自信ない人も、〈付録〉に掲載したビジネスマナーの基本をしっかり身に付けていただきたいと思います。

これからも、読者の皆さまからのご意見、ご批判をいただき、本書をさらに充実させるよう努めていきたいと思っています。

最後に、本書の出版にあたっては、保険毎日新聞社出版部の内田弘毅氏および関係スタッフの方たちに大変お世話になりました。心から感謝申し上げます。

２０１４年８月
神戸市にて
赤堀　勝彦

CONTENTS

付録

第1章 プレゼンテーションとは

1. プレゼンテーションの意味

プレゼンテーションという言葉が使われるとき、かなり絞り込んだ使われ方と、広い捉え方があります(1)。前者の狭い意味でのプレゼンテーションは、プレゼンター（話し手）が聴衆の前に立ち、時にはプロジェクターとスクリーンなどを使いながら重要な説明や説得の際に用いられます。

一方、広い意味でのプレゼンテーションとは、ビジネスや研究会などを含めてあらゆる場でプレゼンターと聞き手の間で直接行われる説得的なコミュニケーションを指します。例えば、ビジネスにおいては一対一の商談や上司に対する報告、同僚との意見交換、あるいは大学の演習（ゼミナール）での研究報告などあらゆるシーンがプレゼンテーションであるという捉え方です。プレゼンテーションの定義としては後者の広い意味での捉え方のほうが実践的で重要と考えられます。

2. プレゼンテーションの特徴

(1) プレゼンテーションとスピーチの違い

プレゼンテーションに類似したものにスピーチがあります。相手にメッセージを伝えることでは、スピーチとプレゼンテーションは同じですが、スピーチはあいさつ、話、言葉などの意味で、自分の体験や体験から得た感想などのエピソードを交えて聞き手に伝えることであるのに対し、プレゼンテーションは自分のアイデアや意見、あるいは商品などについて、口頭やパワーポイント（Power Point）などのプレゼンテーションソフトを用いて説明して説得、売り込みをはかる行為を指します。

例えば、大学の授業で、スピーチの課題は「現在の関心事」や「趣味」、「特技」、「友人」など、学生がエピソードを見つけやすいものを選んで行っています。一方、プレゼンテーションの課題は、「情報セキュリティのリスク管理」や「ハラスメントの防止対策」など、最近の情報をもとにして調べた結果、自分の意見が聞き手にアピールするように進めています。

(2) プレゼンテーションと発表・報告の違い

発表・報告は、現状を相手に伝えるだけという一方通行のコミュニケーション手段であると考えられます。発表・報告の際、必要なことは伝えたい情報を列挙するだけであり、あくまで自分主体で発表・報告の構造を作っていくイメージです。具体例としては、調査報告や進捗報告、業績報告などが挙げられます。

一方、プレゼンテーションは相手主体で構造を作っていく点が発表・報告とまったく違います。プレゼンテーションの目的は相手に何らかの影響を与え、行動変化を促すものであると考えられます。

そもそも、プレゼンテーションの語源はプレゼントであり、プレゼントを誰かに送るときその目的をあらためて考えれば分かりやすいでしょう。

また、別の見方をすれば、プレゼンテーションをするタイミングでは、すでに、プレゼンターは聴衆から「話を聞いてもらう時間」をもらっていることを考えると、そのもらった時間以上の価値を受け取ってもらおうと、一生懸命お返しをすることと捉えることもできます(2)。さらに、プレゼンテーションは、言葉で伝えるものだけでなく、服装や髪形、マナーなど日常のさまざまな部分で使っているという考え方もできます。

[注]

1　野村尚義「プレゼンテーションの基本・コツ」(2009年7月24日)。
(http://allabout.co.jp/gm/gc/292139/)

2　野村尚義「プレゼンテーションはプレゼントか?」（2008年12月31日）。（http://allabout.co.jp/gm/gc/292131/）

Coffee Break 1

成功するプレゼンテーションのための3E

プレゼンテーションを成功させるには、3Eを使うと効果がありま す。3Eとは、①Educate（**教育する**）、②Entertain（**楽しませる**）、③Explain（**説明する**）の3つです。

①は、聴衆がプレゼンテーションから何かを学び取れること、②は、聴衆がプレゼンテーションを楽しむこと、③は、プレゼンテーションのどの部分も聴衆にとって分かりやすいことです。

出所：Hindle T., *"Making Presentations"* Dorling Kindersley Limited, 1998（松本茂監訳『ビジネス・プレゼンテーション101の鉄則』40頁、ピアソン・エデュケーション、2002年）（著者一部修正）。

第2章

プレゼンターとしての心構えはどうするか

1. 事前準備は入念に行う

実際にプレゼンテーションの準備をしてみると、思いのほか大変な作業であることに気付きます。日常、実務として担当していたり、考えたり、議論したりしている内容であっても、系統立てて、ほかの人に分かるように説明する、あるいはプレゼンテーションするとなると、果たしてどのような順序で、どのように説明すればよいか迷う場合が多いのです。

良い準備をすることができれば、そのプレゼンテーションは、半ば成功したようなものです。準備は人任せにするのではなく、自分ですることが大切です。準備の過程が、精神的なゆとりを生み、オープニング（切り出し）からクロージング（締めくくり）まで、自分のイメージどおりのプレゼンテーションができるようになるのです。

2. 事前準備は本番の10倍ほどの時間をかける

では、具体的に事前準備にどれほどの時間を掛ければよいのかという話ですが、一般には〝プレゼンテーション時間の3倍〟と言われています。1時間のプレゼンテーションをするのであれば事前準備は3時間、2時間であれば6時間ということになります。プレゼンテーションの内容にもよりますが、著者の経験上、プレゼンテーション時間の3倍という事前準備ではまず足りません。1時間のプレゼンテーションという場合、少なくとも10時間ぐらいは事前の準備にかけないと、良いプレゼンテーションを行うのはなかなか難しいと思います。

現在、企業のコンサルタントとして活躍している人が、初めて大手取引先の経営者向けに5分間のプレゼンテーションをするにあたり300回練習したという記事を読んだことがあります。

準備をしている段階で、プレゼンテーションに盛り込む情報が変わることもあります。最新の情報を取り入れるためには、やはり事前準備が大切です。十分な準備こそが物事をなす自信につながるのであり、十分な準備をすることで自信がつき、あがりを克服して良いプレゼンテーションを行うカギになります。

3. 熱意と情熱を持って行う

プレゼンテーションを行う上で大切なことは、プレゼンテーションの上手、下手もさることながら、聴衆に伝えたいという気持ち、熱意と情熱があるかどうかということです。熱意と情熱が伝われば聴衆の気持ちをつかみ、共感を呼ぶことができます。

プレゼンターが「しょうがない、頼まれたからやるか」、「彼らにこんな話をしたところでどうなるわけでもないさ」というような気持ちで話せば、聴衆にも「このプレゼンター、あまり熱意がないな」と、その気持ちが伝わってしまいます。これでは、せっかく良い話をしても、聴衆にプレゼンテーションの内容は伝わらないわけです。プレゼンテーションを実のあるものにしたければ、まずプレゼンター自身が熱意と情熱を持って行うことです。

4. プレゼンテーションの技術（プレゼンテーションスキル）を身に付ける

これは、先に挙げた「事前準備は入念に行うこと」、「事前準備は本番の10倍ほどの時間をかけること」、「熱意と情熱を持って行うこと」を踏まえた上でのプレゼンテーションの技術です。

基礎的なプレゼンテーションスキルのポイントとして、プレゼンテーションの態度、

話し方、質問の受け方、パワーポイントなどの視聴覚教材の使い方が挙げられます

例えば、プレゼンテーションの態度は、きびきびした態度で臨むこと、自信ある態度、親身な態度で接すること、話し方は、明朗・正確・肯定的の3原則を守ること、質問の受け方は、せっかく聴衆がもう一度聴いてくれるようとしているわけですから、返答には「ありがたい」というプレゼンターの気持ちを込めるべきでしょう。パワーポイントなどの使い方は、文章ではなく、キーワード化して、見やすく、分かりやすい内容にするとともに、レイアウトにも注意することです。

5. 常に聴衆が中心であることを認識する

必ずしも、豊富な専門知識の持ち主が良いプレゼンターであるとは限りません。伝えたいことが、聴衆に伝わり、聴衆の行動を引き出すことができなければ、いくら豊かな知識を持っていてもプレゼンテーションは成立しないのです。ですから、その点

の心構えとして、あくまでもプレゼンテーションの中心は聴衆であることを忘れないでいただきたいのです。聴衆が主役で、プレゼンターは聴衆の理解をお手伝いする役であることをしっかりと認識していただき、人前で話をするときは、いつもこのことを念頭に置いておく必要があると思います。

6. グループプレゼンテーションでは事前に役割分担をする

発表するのは1人であっても一緒に参加する他のメンバーがいるグループプレゼンテーションの機会も多いものです。その場合、プレゼンター以外のメンバーも重要な役割を担っています。プレゼンテーションを行う前には、プレゼンテーションする者、フォローする者、議事録を作成する者などというように当日の役割分担をして本番に向けた意識合わせをしておくことが大切です。

役割分担について、プレゼンターは提案の詳細を説明できる者が行い、フォローにそのプロジェクトの上司が担当する場合が多いようです。また、議事録担当者は、プレゼンテーション時の聴衆の表情や態度などを観察するとともに質疑応答の内容を記録し、企画の参考にしておく責任があります。

大学の授業でのグループプレゼンテーションにおいても同様にグループごとに事前に役割分担を決めておきます。

例えば、4～5人のグループでの分担は1人がプレゼンター役で、他のメンバーはフォローをする者、議事録を作成する者、原稿の推敲、想定質問とその回答を作る役などを担います。

私の担当演習（ゼミナール）では、プレゼンテーション時に質問を受けて即答できないときやさらに判例など追加の調査が必要なときは、学生に対して、次回の演習時までに課題の回答を記載した詳細な議事録を作成し、必要部数をコピーして持参し、他の学生に配布するようにしています。また、それと同時に前回の「振り返り」として、簡潔に要点を報告するように指導しています。

グループプレゼンテーションの目的は、全員がグループにおける自分の役割や責任を十分に理解し、確実に実行できるようになることです。これこそが今、現代社会や企業が学生たちに求めている「社会人基礎力」にほかなりません。

Coffee Break 2

AIDMA（アイドマ）の法則

AIDMA（アイドマ）の法則とは、Attention（注目→注目させる）・Interest（興味→興味を抱かせる）・Desire（欲求→欲しいという気持ちを起こさせる）・Memory（記憶→記憶させる）・Action（行動→購入させる）の5つの頭文字を取ったもので、1920年代にアメリカの販売・広告の実務書の著作者であったサミュエル・ローランド・ホール（Samuel Roland Hall）が提唱した「消費行動」の仮説です。商売の基本で消費者の心理的プロセス・モデルです。AIDMAの法則では、消費者がある商品を知って購入に至るまでの5つの段階を表しています。この法則は、現在の広告を形づくっている基本的な考え方になっています。プレゼンテーションにも、この各要素を満たすアイデアや工夫を盛り込んでいくと効果的です。

出所：佐藤高史『最強のプレゼンテーション　完全マニュアル』88頁（あさ出版、２００１年）をもとに作成（著者一部追加・修正）。

第3章

プレゼンテーションの要素とは

1．目的を明確にする

プレゼンテーションをする目的にはさまざまなものがあります。例えば、会社では、新製品発表会で、社外の人たちを集めて新製品に対する購買意欲を高めてもらうことや会社説明会では、学生や取引先、地域住民などの社外の人たちに会社の良さを理解してもらうことなどが挙げられます。

プレゼンテーションの目的達成のためには、企画案や新製品そのものが優れていることが条件の一つとして挙げられますが、それだけで目的が達成されるというわけではありません。プレゼンテーションの伝え方、すなわち、プレゼンテーションの技術がプレゼンテーションの目的の達成に大きく影響を与えていることが多いのです。

目的を明確にするためには、自分が何を伝えたいのかをはっきりイメージするプロセスが必要なのですが、プレゼンター自身がどのようなコンセプトで、何を訴えたいのかを明確にすることが大切です。

2. 聴衆を知る

プレゼンターは「この話をすれば大半の人は分かってくれるだろう」と見当をつけてプレゼンテーションに臨むことがあります。しかし、これでは見当違いのプレゼンテーションになる恐れがあります。

聴衆の役職階層、仕事の内容、職務経験などを踏まえ、プレゼンテーションする分野についてのレベルを確認して、そのレベルに合った、理解できる範囲内で話をすることが大切です(1)。特に聴衆と直接的かかわりがあり、十分に下準備してきたことが分かるようなプレゼンテーションが聴衆に受けがよいのです。

初めてのプレゼンテーションの場合、往々にしてこの点の配慮に欠け、レベルの高すぎるプレゼンテーションをしてしまいがちになります。つまり、自分のレベルに基づいて準備をし、それをそのままの形でプレゼンテーションしてしまうのです。周到な準備を行うことは大切であり、自分自身で納得できるような論理構成、資料収集、説明の段取りなどを考えていくことも必要です。そしてもう一度、聴衆の層という観点からそれらを見直し、そのレベルに合わせて適当かどうかを考えてみることです。

プレゼンターの立場に立つと、聴衆より優れたこと、高度な考え方を紹介しなければならないと考えがちですが、その結果、聴衆がプレゼンターのレベルについていけず、プレゼンテーション内容を理解しないで終わってしまうことがあります。聴衆が興味を失ってしまっては逆効果となってしまいます。

何事も相手を知らなければ適切な対応はできないものです。

3. 理解しやすい手順で構成する

理解しやすい手順で構成するためには、次のことを心掛けることが大切です。

(1) ストーリーを決める

プレゼンテーションは、ただ時間内で漫然と話せばよい、面白く話せばよい、調べてきたことをそのまま言えばよい、というものではありません。与えられた時間の中で、効果的にテーマについてのプレゼンテーションの内容を聴衆に理解させ、決断して、実行に移してもらうことが求められているのです。そのためにプレゼンターはさまざまな工夫をしていかなければなりません。

まず、テーマに応じてしっかりした話の筋立て、つまり、ストーリーを決めることが必要です。なぜストーリーを決めることが必要なのかと言いますと、プレゼンテーションを一貫した筋道で進め、重要な箇所と付属箇所の時間的配分を行い、しかも臨機応変の態勢を取るためにはぜひ必要なのです。

プレゼンテーションは自分でシナリオを書き、自分で演じる、つまり、「自作自演のドラマ」のようなものです(2)。

なお、時間の制約があるビジネス・プレゼンテーションの場合は、結論を始めに言うことで、プレゼンテーションのゴールをどこに設定するかをあらかじめ明確にすることができます。

(2) 資料・情報は多めに準備し、厳選して使う

プレゼンテーションのテーマから話の項目が決まり、ストーリーが決まれば、それに合わせて話の素材集めと資料・情報集めに入らなければなりません。話の素材は、これまでの体験や見聞によるのが最もよいでしょう。自分自身で体験したことは、プ

レゼンテーションで話す際にもリアルな迫力をもって紹介でき、説得力があります。

次は、資料・情報の収集です。資料・情報の収集に最も便利なのは図書館です。その活用方法に十分精通することは重要ですが、日ごろ注意していれば、比較的身近なところに、利用できる資料・情報はかなりあるものなのです。例えば、新聞、週刊誌、雑誌、テレビ、ラジオ、新聞の折り込み広告などで、これら身近な資料・情報をできるだけ使うことがプレゼンテーションを生き生きとさせる秘訣です。

特にプレゼンテーションの導入には苦心するものですが、これら身近な資料・情報は非常に役に立ちます。その日の新聞記事の紹介とこれをきっかけとした話の導入が自然にできれば、聴衆は興味を持って話を聞こうとするでしょう。

つまり、プレゼンターは、事前準備を十分に行って、具体例や自分自身の経験談を数多く準備し、資料・情報なども多めに用意してプレゼンテーションに臨むことが、どんな状況にでも対応できる余裕のある話を行える裏付けともなります。そして、豊富な資料・情報などの準備はプレゼンター自身の自信につながります。たとえ一部の資料・情報を使用する機会がなくてもプレゼンテーションに良い効果を生み出す元になります。

ここで注意すべきことは、準備した資料・情報をすべて説明しようとは思わずに、焦点を絞って、理解してもらいたいこと、考えてもらいたいことを聴衆の頭の中にしっかり残すことが特に大切ということです。

(3) ツール（機材）を利用する

ただプレゼンターの話だけを聞くというのでは、聴衆も飽きるし、プレゼンターとしてもプレゼンテーションが単調になりやすくなります。また、複雑な内容や難しい事柄、例えば、図などについては、口頭だけで説明して理解してもらうことに困難を伴うものです。

そこで、話にめりはりをつけ、聴衆が話の内容に興味を持つようにする工夫として一般に行われるのがビデオ、パワーポイントなどといった視覚に訴える方法です。

しかし、こうした視聴覚（Audio Visual=AV）機器[3]は時には聴衆との距離を遠ざけてしまうこともあるので、使用するときは適切で役に立つ場合を考えて使用しましょう。

(4) テーマごとの時間配分を考える

プレゼンテーションは一つの流れです。プレゼンテーションのテーマはその流れの節目であると言えます。一つひとつの節目をどの程度の大きさで構成していくかということに時間配分はかかわっています。時間配分を決める際のポイントは、聴衆のニーズです。聴衆の知りたいというニーズに合わせてプレゼンテーションの重点を決め、そこに十分な時間をかければプレゼンテーションは充実したものになります。もし、そのポイントを外してしまえば、つまらないプレゼンテーションとなるのは当然と言えるでしょう。時間配分の大切さはまさにそこにあるのです。

また、時間管理はプレゼンテーションのシナリオ（台本）に基づいてこれを行うことが大切です。

プレゼンテーションのシナリオの段階・項目ごとに予定所要時間を決めておき（書き込んでおくとよい）、それに沿ってプレゼンテーションが進行できているかどうかを常に途中評価して調整するとよいでしょう。

プレゼンテーションの前に決めた時間配分は絶対的なものではありません。大切なのはプレゼンテーション時の聴衆の反応であり、それによってはあらかじめ決めておいた時間配分を臨機応変に変えていくという柔軟性も必要でしょう。

［注］

1　2020年の東京オリンピック招致の立役者、ニック・バーリー（Nick Varley）の「プレゼンを成功に導く7つの戦略」によると、その中に「聴衆を理解する」（"Know your audience"）が含まれており、「彼らが直面している最大の問題は何なのか、そして、どうしたらそれを解決できるかを理解しなければならない」と述べている。7つの戦略の他の項目としては、①計算をする（自分が話す速さを計算する、物事をリストアップするときはいつも、偶数個よりも奇数個の方が効果的である、など）、②インパクトを演出する、③インパクトを持続させる（話し方を変える、聴衆を飽きさせずに注意をひき続ける、など)、④視覚に訴える、⑤明確なビジョンを持つ、⑥パフォーマンスをする、などがある(「プレゼンを成功に導く7つの戦略」109～116頁“CNN english express”(2014年5月))。

2 佐藤高史『最強のプレゼンテーション　完全マニュアル』51頁(あさ出版、2001年)。

3 AV機器とは、音声や映像の記録・再生を楽しむための電子機器の総称であり、音響機器と映像機器を総称した呼び名である。AVは、Audio Visualの略である。AV機器の主な例として、テレビ、DVD(Digital Versatile[Video] Disc)レコーダー、ビデオカメラ、オーディオコンポなどを挙げることができる。

Coffee Break 3

職場での上手な報告の3つのポイント

報告の基本は相手が求めているものを的確に伝えることですが、ここでは職場での「上手な報告のポイント」として3つを挙げることにします。

①報告は事実と意見をはっきりと分ける

分かりにくい報告はどこまでが真実で、どこからが報告者の意見かが入り組んでいることが多いのです。報告するときは「事実」と「意見」をはっきりとさせるべきです。

②報告は「結論」→「経緯」→「締めくくり」の順に行う

職場での報告は結論が先です。次に、それに至る経緯の説明をします。そして、最後にキチッとした締めくくりをしておくことです。

③　報告は早めに行う

良い報告も悪い報告も早くすることが大事です。どんなに良い報告でもタイミングを失ってしまうと価値は半減します。また、悪い報告こそ早めに知らせておくと事後の対応もスムーズになります。

出所：田中敏之『実践マナー講座』42頁（経営書院、2006年）をもとに作成（著者一部修正）。

第4章 分かりやすいレジュメの作り方とは

1．レジュメとは

レジュメ（résumé）とは、フランス語で要約という意味の言葉です。英語でハンドアウト（handout：発表の流れを目次形式でまとめて、印刷した配布物）という場合もあります。大学や講演会などで用いるレジュメとは、A４で1～3枚程度の紙にまとめられた報告内容の要約のことを指します。

パワーポイントなどを用いて、スクリーンでプレゼンテーションする場合もレジュメを配布することで、聴衆が内容をよりよく確認することができます。

プレゼンテーションの流れを聴衆に示し、プレゼンター自身のプレゼンテーションの進行管理を適切に管理するためには、プレゼンテーションで話す内容の項目を記述したレジュメを作成し、聴衆に配布してからプレゼンテーションを行うことが大切です。

レジュメがあると、聴衆は話の内容が予測でき、また、今何について話されているかを常に予測することができます。

一方、プレゼンターにとっても良くできたレジュメは自分自身のプレゼンテーションの反省材料ともなり、次に同じようなテーマでプレゼンテーションする機会があれば、改善点が素早く見つかるし、準備もしやすいわけです。

また、項目の間には余白を取り、そこに聴衆がプレゼンターの話で出されたポイント、概要などを記述できるようにすることが重要です。

具体的には、A4用紙1枚で30分の話をするというような目安をつけて、項目や余白を配置したレジュメを作成することです。

2. レジュメの役割は

最近は、プレゼンテーションの際にパワーポイントなどを使ってレジュメを出さない人も多いようですが、聴衆の記憶に残らずおすすめできません。

レジュメの主な役割としては、プレゼンテーションの内容がまとめてあることが一番重要なのです。よくレジュメとしてスライドの一覧を印刷したものを配布する場合がありますが、レジュメの役割は要約ですので、スライドの一覧では役割を果たしていません。スライドをそのまま繰り返すのではなく、うまくまとまったレジュメを作成することが求められます。また、レジュメには、プレゼンテーションでは省略してしまった説明や事例などの付加価値を付けてあげることによって、聴衆が有益と感じるレジュメを作成することができるでしょう。

3. レジュメ作成のポイントは

レジュメの内容は目的や対象者に応じて作成することが大切ですが、分かりやすいレジュメの主なポイントとして、以下の3つが挙げられます。

①文字数が少なめであること
②適度な空間があること（簡単なメモが取れるようにすること）
③短いコメントや図などを入れて、結論が簡潔に示されていること

4. レジュメに必要な項目とは

レジュメに必要な主な項目は以下のとおりです。

①タイトル（内容を一言でまとめたもの）

②プレゼンテーションの年月日（レジュメ作成日ではない）と場所
③プレゼンターの名前と所属
④プレゼンテーションの目的
⑤章立て（文章を構成する章の立て方や並べ方）
⑥結論
⑦参考文献

なお、プレゼンテーションの対象により、添付資料、関連資料が必要な場合もあります。

第5章

効果的な文章の書き方とは

1. プレゼンターに求められる文章能力

プレゼンターは、聴衆を飽きさせない話術のほかに、提案書や企画書などを作成する文章能力が求められます。ここでは読みやすい文章の書き方のポイントを挙げていますので、学習の参考にしていただければ幸いです。

パソコンなどの普及により、文章を書くのが苦手という人がますます増えているようです。

ビジネス社会がいかにハイテク化しようと、正しく、読みやすく〝書く〟能力は、いつの時代にも求められているのです。

苦手と思っている人もまずは書いてみてください。最初は上手・下手をあまり意識する必要はありません。書くことを続けていれば、書くことがおっくうになりませんし、書くことが習慣になってきます。そうすれば自分のスタイルが身に付き、書くことがまったく苦にはならなくなります。

また、上手な文章、読みやすい文章を書くためには、書き方のルール・テクニックを身に付けることが大切です。そんなに難しいことではありません。「書く」ことを習慣化し、いろいろな種類の文章を書いていく中で、その都度身に付けるようにしてください。

さらに、「書く」ときは、常に「読む人の立場に立つ」ことを意識してください。

自分では上手に書けたつもりでも、読む人に分からなければビジネス文書としては失格です。文章を書き終わったら、「読む人の立場に立って」必ず読み直してみることが大切です。

2.「書く」ことと「話す」ことの違い

「書く」ことは、次のような特徴を持っています。

正確性・回読性・反復性・保存性（記録性）
情報伝達量・視覚性

以下に、読みやすい文章の書き方のポイントを挙げておきますので参考にしてください。

ポイント①　文章の基本型を知る

まず、５Ｗ１Ｈを心掛けることが必要です。つまり、「いつ（WHEN）」「どこで（WHERE）」「誰が（WHO）」「何を（WHAT）」「なぜ（WHY）」「どのように（HOW）」はどんな文章にも欠かせない基本要素です。また、「主語＋述語＋目的語」も文章の基本型として大切なことです。

ポイント②　読み手を引きつけるタイトルをつける

タイトルは文章の顔です。読み手はタイトルを見て読むかどうか（読む必要性）を判断します。タイトルには、読む側が必要な情報かどうか判断できるように、内容を予測させる効果があります。

情報を必要とする人（読んでほしい人）を逃がさないよう、読み手を引きつけるタイトルをつけましょう。

ポイント③　1文書1テーマに絞る

一つの文書に、あれもこれもと何件もの事項を記載することはやめましょう。量が多くなるとそれだけで読む気がしなくなりますし、伝えたい内容（テーマ）が不明瞭になってしまいます。書くにあたっては、①何を、②誰に、③なぜ、の3つを事前にきっちりと押さえておくこと、つまり、「何を伝えたいのか」を明確にしておくことが重要です。

ポイント④　1枚がベスト、2枚がベターと心得る

ビジネス文書は、1分以内で相手を説得するつもりでまとめましょう。読み手は多忙です。読み手に合わせて、その文書の概要を1分以内で読み手に把握させる工夫が必要です。

1～2枚でまとめるとなれば、必然的に文書作りはポイントをついたものが要求されます。

図表 5—1 文書1枚化のすすめ – 具体例

A:企画提案用

タイトル
(一読して内容が分かるように工夫する)

ねらい、目的
(期待成果も定量的に明らかにする)

実施事項
(いつまでに、何を、どれに重点を置いて、いかなる日程・手段・方法で行うかを示す)

必然性・背景、理由
(課題を明確化する)

必要予算、活用資源

B:報告資料用

タイトル
(一読して内容が分かるように工夫する)

ねらい、目的に対する達成状況
(具体的・定量的に)

実施事項・経過
(できたこと、できなかったこと、一時的なこと)

反省・問題点

今後の課題と対応

出所:若山貞二郎『人と組織に活力を生む対話能力と部下指導』(清話會出版、1996年)(著者一部修正)。

ポイント⑤　箇条書き・略語を活用する

ビジネス文書では、箇条書き、略語の活用が効果的・効率的です。

複雑な要素を持った文章でも箇条書きを活用すれば、

●要点を簡潔に表すことができる

●視覚的にも読みやすく、早く理解できる

●書くのに楽で短文で済むといった効果があります。

なお、箇条書きには、次のような幾つかのルールがあります。

> (ア)本文が「ですます体」の文章でも、箇条書きの部分は「である体」の表記にする
> (イ)情報の提示順序に気を付ける
> (ウ)文末に句点（。）をつけない
> (エ)必要に応じて、No.を入れる（(1)(2)や①②など）
> (オ)センテンスごとに改行する

また、特に社内向け文書では、略語の活用により文書全体の短縮化、冗長化防止に効果があります。

ポイント⑥　簡潔に書く

長すぎる文章、何を言っているのか分からない文章……このような〝悪文〟は読み手にとって迷惑です。「1枚ベスト」でまとめるには、文章は簡潔に書くことが大切です。

文の長さと読みやすさの関係について、次のようなデータがあります。

非常にやさしい	10字〜30字
やさしい	30字〜40字
普通	40字〜50字
難しい	50字〜70字
非常に難しい	70字以上

図表 5−2 文章を簡潔にするためのポイント

①結論を先に	・1に結論、2に説明を心掛ける ・長々と説明が続き、結論が最後に出てくると読み手はいらいらする
②前置き廃止	いきなり本題から入る
③敬語は最小限に	儀礼的な文章もできるだけ省く
④短文を心掛けよう	・1センテンス40〜50字以内、句点（。）を増やす工夫をする ・だらだらと長いセンテンスは読みづらいし分かりにくい・接続の言葉はできるだけ避ける （例） 「… ので」・「… が…」・「… のために」・「…したところ」・「…とともに」など ・長い修飾句は文章の焦点をぼかしてしまうことが多い

文章が、読んでもらうために書かれる以上、やさしい、理解しやすい書き方がされるべきです。ワンセンテンスが長いと、どんなに単純な内容の文章でも、ひと目で読みこなすことはできません。

新聞記事は、1行15字（あるいは12字）で、2行くらいに一つ読点（、）、3～4行に一つ句点（。）を入れる書き方が原則です。つまり、

図表5—3　文章を分かりやすくするためのポイント

①分かりやすい用語を使う	・誰にも分かるやさしい言葉で書く ・裃（かみしも）を着たような用語、難しい漢語的表現、まだ一般化していない外来語は使わない ・文語調の言葉は口語調にする
②はっきり表現する	あいまいな表現は混乱のもとである
③二重否定や持って回った表現は避ける	文章はあくまでも単純にする (例「景気がいいというわけではない」 →「景気が良くない」
④効果的に句読点を打つ	・1行にテン1つ、テン3つでマルを打つ ・句読点が少ない文章は読みづらい
⑤その他	・漢字、平仮名、片仮名、英語をバランスよく組み合わせる（漢字の割合は文章全体の30％程度が目安である） ・比喩（ひゆ）をうまく利用する

ワンセンテンスが40字前後になるような工夫が要求されます。読者の身になって、読みやすく、分かりやすく書かれているのです。

文章を簡潔にするためのポイントをまとめれば〔図表5－2〕のとおりです。

ポイント⑦　分かりやすく書く

読み手に理解させるためには、分かりやすい文章が大切です。

文字は記号であり、文章は記号をどのようなルールで組み立てるか、という相互了解の上に立っていることを脳裏に入れて、文章を書くべきでしょう。

例えば、志賀直哉、川端康成の作品は、広範囲の読者層を持っており、外国人からも愛されています。事実、日本に留学している外国人に一番親しまれている作家も、この両者のようです。理由は、分かりやすい文章だから、ということです。

分かりやすくするためのポイントをまとめれば〔図表5−3〕のとおりです。

ポイント⑧　見やすく、理解しやすくする

図解・図表・フローチャートなどを活用したり、その他視覚に訴える工夫により、次のような効果が期待されます。

(ア)概要がつかみやすく、全体の理解が進む
(イ)たくさんの情報を見やすく収録できる
(ウ)順位、位置付けが把握しやすい
(エ)文章の途中でのアクセントになる

また、パソコンの持つさまざまな機能を活用し、見せやすくする工夫をしてください。

ポイント⑨　例を豊富に利用する

説明文だけでは読み手にピンとこない場合がよくあります。具体例を挙げて説明するとよく分かります。

また、申込書など帳票類や報告用紙などは、記載例を付け加えると分かりやすく、記入などもスムーズになり効果的です。

ポイント⑩　書き終わったら必ず読み返す

文章は書けば終わりというものではありません。書き終わったら必ず読み返す習慣をつけてください。自分が書いたものを自分が納得いくまで読んでみることが大切です。時間の許す限り素読とリライトを繰り返すことが、文章上達の最短の方法です。

素読、つまり、声を出して読むと読みやすいか読みにくいかが分かります。読みにくいのはセンテンスが長かったり、回りくどい表現であったりすることが原因です。スムーズに読めるように直していくのが、文章上達のこつといえます。

素読では、次の項目に留意しましょう。

(ア)1回読んだだけで内容を理解できるか
(イ)一文が長すぎないか
(ウ)読点の付け方が適切か
(エ)文章全体にリズム感があるか
(オ)伝えたい情報の流れが円滑か
(カ)パラグラフが長すぎないか

また、リライトで心掛けなければならないことは、付け加えるより削る方に眼目を置きます。削りが多いほど文章は引き締まってきます。

さらに、あいまいなことは確かめることが大切です。誤字・脱字・当て字は内容の信頼性まで疑われます。自分の恥をさらすだけでなく、会社の評価も落とすことになりかねません。

ものを書くときに辞書は不可欠です。おっくうがらずに辞書を引く習慣をつけましょう。

以上、「読みやすい文章の書き方」について10のポイントを挙げておのおの説明しましたが、締めくくりは、文章を書く上で一番工夫をするところです。説得力のある締めくくりをするために、常日ごろから知識の吸収、探究心、視野の拡大に力を注ぎたいものです。そのためにも書物を進んで読むことが大切です。特に新聞のコラムなどは、文章のまとめ方の勉強ができるので参考にしてください。

Coffee Break 4

「会わないと合わなくなる」の法則

「会わないと合わなくなる」の法則（ザイアンスの単純接触効果）とは、アメリカの心理学者ロバート・ボレスワフ・ザイアンス（Robert Bolesław Zajonc）による、「人間関係は接触頻度が多いほどよくなり、少なければ悪化する」という法則です。

人間は何度も会うことなどで相手の人間的な側面を知ったとき、相手に好意を持つようになるという心理を表したものです。

あいさつでも気遣いでも日頃の声掛けを続けるだけで、好意を持たれるようになります。逆に、「○○さん、最近、顔出さないけど、何かマズイことあったんじゃないかな」というように、あまり知らない人に対しては評価を実際よりも下げるのが人間の心理です。好意を持ってもらうことは、自分の力を100％発揮するための環境づくりであり、自分を応援してくれる味方を確保することだからです。ある人との人間関係をよくしたければ、会う回数を増やすよう努めればよいのです。

コミュニケーションの場は会議やプレゼンテーションだけではなく、エレベーターや廊下など至る所にチャンスはあります。歩きながら手短に話すだけでもよいのです。

出所：プレジデント社編『仕事ができる人の報連相（得）講座』25頁（2014年6月4日）をもとに作成（著者一部追加・修正）。

第6章 効果的なプレゼンテーションのしかたとは

1. 導入

導入は、まず、プレゼンターが自己紹介をし、プレゼンテーションの進め方などを説明することからスタートします。プレゼンテーションでの最初の一言は重要です。

いきなり本論から「それでは…」と話をしても、聴衆の準備ができているとは限りません。そこで、そのままプレゼンターが突っ走ってしまえば、聴衆はますます追い付いていけなくなり、プレゼンターが一方的に話して終わってしまうことにな

図表 6−1 効果的な導入のポイント

1. あいさつは元気よく簡単に行う あいさつは元気よく、笑顔で大きめな声で言う。自己紹介はなるべく短時間に済ます。 **2. プレゼンテーションのテーマをごく簡単に紹介する** あいさつに続いて、プレゼンテーションのテーマを手短に紹介する。簡単に済ませて区切りをつけないと、プレゼンテーションのテーマの話がいつの間にか本論になってしまい、聴衆を混乱させる。また、プレゼンテーションで提示する要点を簡潔に述べることも効果的である。 **3. ホワイトボード（または黒板）を使用する場合、プレゼンテーションテーマを板書する** テーマはホワイトボード（または黒板）の左上部に大きめな字で書く。

りかねません。そういうことにならないように導入の話が必要となってきます。それには次のようなことを配慮しなければなりません。

①聴衆の注意を引く

②問題を示す

③興味を起こさせる

ただし、時間に制約があり、結論を急ぐようなビジネス・プレゼンテーションでは、最初に「結論」を持ってくるほうが効果的です。「私はこういう意見です。結論はこうです」と結論を言って、「なぜならば……」と進めていくと、結論を先に言っているから、聴衆は後の話をじっくり聞いてくれます。

2. 本論

本論は、プレゼンテーションの中心となる部分で、プレゼンテーションする内容に関して順を追って構成していくことになります。

一般には、基本から応用へ、総論から各論へと流れを考えて項目を構成していきます。そして、重要な点については、繰り返して説明することにします。

また、プレゼンテーションの各段階の始めと終わりをはっきりと聴衆に示すことが大事です。

また、本論にはストーリーとシナリオが大切です。良いストーリーとシナリオを作るためには、次の点に留意する必要があります。

(1)論理的に展開し、結論への流れをつくる

一般にプレゼンテーションの表現力向上というと、すぐ、パソコンでスライドを映しながら、スムーズに原稿の読み上げ練習することを思い浮かべる人が多いと思いますが、これだけでは不十分なのです。プレゼンテーションは、自分でストーリーを作り、シナリオを書き、自分で演じることを心掛けてください。

シナリオの中には、「もし自分がこのプロジェクトを進めたらどうなるだろうか?」というストーリーを盛り込んで、相手の想像力を膨らませる手助けをしてあげることが必要です。ストーリーでは、論理的に展開し、結論へと自然につながる流れを作るとともに提案を受け入れるとどのような効果を期待できるかも提示することが大切です。

⑵重要なポイントを強調し、反復する

プレゼンテーションの中で重要と思われる点については、明瞭に、かつ、繰り返して話をする必要があります。

重要な点を聴衆に明確に認識させるためには、まず、プレゼンター自身がどこに要点があるかを明確に認識している必要があります。プレゼンテーションのシナリオを作成する段階で、どこを重点とするかを明らかにしておくことが大切です。

また、重要と思うところは月並みな簡単な説明で済ませてはいけません。重要なところとそうでないところとは同じ調子の説明のしかたではなく、変化や強弱を付けるのです。

さらに、プレゼンテーションの中心テーマに深くかかわってくるような、非常に重要なポイントについては、まず、導入で話し、次に本論でそれを詳しく解説することで繰り返し説明し、さらに結論でもまとめとして話すというように、プレゼンテーションの流れの全体の中で話す機会を繰り返し設ける必要があります。

(3)骨組みに血や肉を盛る

ポイントだけを語っていても無味乾燥で、面白くありません。聴衆の興味や関心をプレゼンテーションの内容へと引きつけるために、プレゼンター自身の体験談や人から聞いた経験談、実例を総合した統計などを具体例としてプレゼンテーションの内容に付け加え、話に深みを与える工夫をします。これが「血や肉を盛る」ということになります。また、著名な人や偉大な学識経験者の言行を引用すると効果があります。

さらに、具体例や経験談を集めて話す際の留意点として、次のことを心掛けるとよいでしょう。

①聴衆が知っていそうもないことで、興味や関心を呼び起こしそうなものを集めること

②常日ごろから、新聞、雑誌などの情報を数多く集め、聴衆やプレゼンテーションの状況に応じて取り換えて出せるようにすること

なお、体験談について成功した話を長々と説明すると、聴衆もうんざりしますので、手短に述べるか、むしろ自分の失敗談を公開した方がアピールできるでしょう。

(4) 聴衆の興味を持続させる

話す目的は、プレゼンテーションの内容を理解させることです。聴衆が分かる言葉で、考え、理解しやすいスピードで、はっきりと話すようにします。時間帯を考え、眠気が襲う昼食後の時間であれば、できるだけ興味深いたとえ話や実例をたくさん盛り込むことにします。分かりにくいと思われるところは繰り返して話し、質問などをして聴衆に確認するとよいでしょう。要するに、聞く身になって話すことが大切なのです。

まじめな話を一本調子でやっていても聴衆は聴いてくれません。聴衆が興味をなくしてしまったら、いかにスムーズにプレゼンテーションが終わろうとも、これは良いプレゼンテーションとは言えないのです。恐らく聴衆はプレゼンテーションに対する興味を次第に失い、ひたすらプレゼンテーション終了時間が来ることを待ち続けるということになるでしょう。

聴衆の興味を持続させるためには、話に変化を持たせることも必要です。

3. 結論

どんなに話のスタートが良く、内容の組み立てがうまくできても、話のまとめ方・結び方次第では、その話から聴衆が受ける感銘や理解度に大きな開きができてしまいます。

俗に言う〝竜頭蛇尾〟では、せっかくの話も台無しです。

結論の段階では、次のことを行うことが大切です。

①プレゼンテーション内容の重要ポイントを再確認させ、まとめる

②相手の行動を促す

③プレゼンテーションへの参加・協力を感謝する

つまり、プレゼンテーションの結論の段階では、それまでの話の内容をまとめ、重要点を強調し、聴衆の疑問に答えることで進めていきます。

なお、ビジネス・プレゼンテーションなどで、始めに「結論」を言った場合でも締めくくりとして簡単な要約を行います。

特に大切なことは、「こういうことですから、ぜひ皆さん、この商品のご購入を検討してください」といったように、相手がプレゼンテーションを聞いた結果、納得し行動へと向かうように仕向けることです。

第7章

面接のときに好印象を与える自己紹介と自己PRのスキルとは

1. 自己紹介のポイントは

自己紹介は簡潔にすることです。目安は30秒程度、1分を超えると長いです。氏名、年齢、出身校、部活、趣味を簡潔に話すことがポイントです。志望動機も自己PRも話す必要はありません。それらは別の機会で必ず質問されます。相手が求めているもの、聞きたいものを的確に把握すること、それがコミュニケーションスキルです。30秒から1分ですので、注意すべき点は次の3つです。

①ハキハキ話すこと
②簡潔に説明すること
③専門用語などは使わず、分かる言葉で話すこと

このように、ハキハキとした大きな声で、簡潔に話します。そして「以上、簡単ではありますが、何か質問がございましたらお願いいたします」と、質問を求めるくらいでよいでしょう。それが企業の求める、社会に出てからも通用する本当のコミュニケーションスキルです。多くの学生が焦って自己ＰＲをしてしまうことが多いので注意しましょう。なお、自己紹介の最後には「本日はよろしくお願いいたします」と一言付け加えるとよいでしょう。

2. 自己PRのポイントは

自己ＰＲは読んで字のごとく、〝自分をピーアール（アピール）すること〟です。

自己ＰＲというのは、自分がどういう人間かを発表するだけでなく、発表した上で、そのことを相手に納得させなければいけません。自分が何をやってきて何ができるのかをアピールする力が問われます。自己ＰＲしたことによって、相手が自分のことをどう思ったのかが重要になります。自己ＰＲは、履歴書やエントリーシート（ＥＳ）だけでなく、面接（個人・グループ）でもよく聞かれますがこの内容を考えるのに悩む人がかなり多いようです。誰にでも「強み」は必ずあります。大学生活のさまざまな場面で経験した、失敗や成功、長く続けた活動などが、自分の強みを形づくっています。自分の強みがよく分からない場合は、家族や友人・知人に強みを聞いてみるのもよいでしょう。

自分の強みを上手に伝えるためのコツは次の３つです。

①強みを1つに絞って自信を持ってアピールすること

伝えたい強みなどのアピールポイントは、１つに絞りましょう。複数のアピールポイントが混在していると、「結局この人は何が強みなのだろう？」と面接官が分からなくなってしまいます。

②強みを具体的に語れるようにすること

自己PRを伝える際には、「私の強みは〇〇です。それは、～（エピソード）」とつなげて、強みの根拠をエピソードで示すとよいでしょう。たとえば、「私の強みの一つは自分の意見をうまく発信できる力です。部活で所属していた吹奏楽部では、常にWebサイトでコンサートの告知を行い集客に貢献しました。この力を御社の営業部門でぜひ試してみたいです」というように、実際の仕事の現場でどのような働きができそうか、志望先の企業が想像しやすいように具体的なエピソードを交えて語れることが求められます。

③志望先に合わせたアピールポイントになっていること

自分が伝えたいアピールポイントは、志望先が興味を惹きそうなポイントと合っていることが大切です。例えば、志望先企業は明らかに活発な人が欲しいのに、真面目であることをアピールし過ぎると企業の求めるものとずれてしまいます。もちろん、真面目な人は企業には必要ではありますが…。

学生時代に取り組んだことや頑張ったことのエピソードが複数ある場合は、その中から、より志望先が惹かれそうなものを選んで伝えていきましょう。

結局、〝相手が理解しやすいか〟、〝相手が何を求めているか〟といった「相手目線」を持つことが大事です。自分が伝えたいことだけで終わらないよう、「相手目線」も意識して自己PRすることが必要です。

3. 社会で役立つ強みとは

自己PRとして、社会で役立つ強みの例を挙げておきましょう（図表7－1）。自分の「得意なこと」や「できること」をつかんでおけば、必ず自分の強みを活かせる仕事に巡り合えるはずです。

図表 7−1　社会で役立つ強みの例

	社会的強み	強みにつながる普段の行動
意欲	目標を高く掲げ、積極的に取り組む	学びの目標をつくる、サークルやボランティア活動などに積極的に取り組む
自主性	自分の考えで行動する	自分の意見を持つ、自ら考え行動に移す
適応力	新たな環境に適応できる	初対面の人と打ち解ける、思わぬ事態にも対応する
ストレス耐性	心身とも厳しい条件に耐えられる	体力をつける活動をする、厳しい状況を乗り切る
持続力	当初の目的に対して、最後まであきらめない	何か一つのことを長く続ける、成功に向けて粘り強く努力する
協調性	協力して問題解決にあたる	チームで取り組む活動に参加する、チーム内で自分の役割を果たす
発信力	自分の意見をうまく発信できる	授業でプレゼンテーションをする、自分の意見を文書や口頭で説明する
指導力	人をまとめることができる	リーダー役を務める、教えたり助けたりして人を導く
論理性	筋道を立てて考えることができる	結論から話す、理由・判断基準を明確にして説明する
国際性	国際的な関心が高い	外国語や異文化について学ぶ、外国語を自由に使うことができる

出所：ベネッセi-キャリア編集協力『就職ガイドブック』25頁（2019年）をもとに作成（著者一部修正）。

第8章

プレゼンテーションでの効果的な話し方とは

1. 効果的な話し方

(1) 話すときの態度

① 自信を持って誠実に、明るく熱意を持って話をする

プレゼンテーションの報告のしかたはメッセージの中身と同じくらいに影響力を持ちます。まずは、力強く、自信を持って始めることが大切です。

一方、自信のなさは、専門書に書いてあったことや、人から聞いたことの受け売りで、そのまま話をするときに出てしまうことがあります。具体的には語気が弱くなったり、声が小さくなったりするわけですが、たとえ受け売りであっても自分の信念として語ることが大切です。さらに、プレゼンターが暗い雰囲気であれば会場は暗くなり、明るいプレゼンターであれば会場は明るくなります。たとえ短い時間のプレゼンテーションであっても、その間の雰囲気づくりに気を配りたいものです。

また、服装のマナーとして、きちんとした清潔感のある格好も大切です。

②アイコンタクトを使う

プレゼンテーションは言葉だけではなく、目の動きも大切です。アイコンタクト（視線を交わすこと）は、人間同士の親密さを高めてくれる役に立つ方法です。プレゼンターから見られることで、聴衆は自分に関心を持たれていると感じるわけです。プレゼンターの中に、最初から最後まで下を向いて話す人がいます。恥ずかしいのか、あるいは癖なのかもしれませんが、これでは聴衆との交流ができません。流し目で見る必要はありませんが、適度にゆっくりと視線を動かし、全員を視角に捉えるという形にしたいものです。

③適当に身ぶり・手ぶり（ジェスチャー）を加えて印象を強める

慣れないプレゼンターがプレゼンテーションをしている際の態度の中には、意味のない身ぶり、手ぶりをしていることが少なくありません。鼻をこする、眼鏡に手をやる、チョークやポインターをもてあそぶ、ズボンに手を入れたままで話をする、これらの動作はプレゼンテーションとは何のかかわりもありませんが、緊張感をほぐすという意味ではそれなりの効用もあります。しかし、必要のない動作は聴衆の気を散らし、プレゼンテーションの内容への気持ちの集中を妨げることもあります。このような癖は持たないように、また、持っていると気が付いた場合には直すように心掛けたいものです。

何げない動作でさえこのように注目されているのですから、逆に言えば、プレゼンターはこのジェスチャーを利用し、プレゼンテーションを印象強く進めることができます。

効果的なジェスチャーとは、話し手の身体の部分が自然な動きをする状態、つまり、話し手が、自分の頭・顔・肩・腕・手などの部分的な動きや表情を、自然に強調して、話の効果を挙げることを指しています。したがって、手の動き、身体の動きがプレゼンテーションの内容とぴったり合ったときには、聴衆はプレゼンテーションを印象深く聞くことができるでしょう。なお、ここでいうジェスチャーは、芸人まがいの大げさな演技をするということではありません。

プレゼンテーションを実際に行う前に、鏡に向かって身ぶり、手ぶりの動作をしたり、プレゼンテーションの姿をビデオに撮ったりして自分のジェスチャーの研究をするのもよいでしょう。

Coffee Break 5

メラビアンの法則

メラビアンの法則とは、アメリカの心理学者アルバート・メラビアン（Albert Mehrabian）が著書 “*Silent Messages*” にて実験結果をまとめ１９７１年に提唱した法則で、感情や態度について矛盾したメッセージが発せられたときの人の受けとめ方について、話の内容などの言語情報で７%、声の大きさや話のテンポなどの聴覚情報で38%、表情や態度などの視覚情報で55%という割合で影響を受けるとするものです。

この割合から「７－38－55のルール」ともいわれており、また、言語情報＝Verbal、聴覚情報＝Vocal、視覚情報＝Visual の頭文字を取って「３Ｖの法則」とも言われています。

メラビアンの研究結果、表情や態度を意味するボディーランゲージなど非言語がコミュニケーションにおける影響のうち55%と最も大きな割合を占めていることが分かります。

④話し方や態度の癖を直す

どんなにベテランのプレゼンターでも癖はあるものです。「えーと」「あのー」「まあ」「要するに」などを何回も連発する人がいますが、これが話し方の癖です。「まあ」「あのー」「そのー」は、必ずといっていいほど出ます。このような癖は自分では気付かないことが多いのです。プレゼンテーションを聞いている聴衆は、プレゼンターの癖が気になって話が耳に入らなくなってくる場合があります。あまり頻繁に出てしまうと、聴衆の中には「正」の字を書いて回数を数え始める人がいるくらいです。また、プレゼンターの癖に反発して話を聞きたくないという気持ちになったりすることもあります。しかし、プレゼンテーション時の癖は、自分自身にはなかなか分かりにくいものです。

話し癖を直すのに一番よいのは、自分で話したことを録音して聞いてみることです。

すると自分の癖がよく分かります。これは自分で意識して言わないようにするしか直す方法がありません。もし、「えーと」「あのー」という話し癖が出そうになったら、いったん、その言葉を飲み込んでしまうような練習をするとよいでしょう。また、電話の応対など日常会話のときに意識して話し癖をなくすように努めることが大切です。こういう言葉の癖を削りますと、話の歯切れがよくなりますから、ぜひ心掛けてください。さらに、人は話し癖のほかに態度の癖を持っています。頭をかく、手をやたらに振り回す、ポケットに手を入れる、手を後ろに組む、首を振る、貧乏ゆすりをする、やたらに歩き回るなど、例を挙げればたくさん出てきます。先の③のところでも述べたように、このような癖も聴衆に不快感を与えたりすることがあります。

話し癖が録音した音声を聞くことによって明らかになるように、ビデオを使って、プレゼンテーションの際の自分の動き方、動作、手ぶりなどの癖をチェックして、これを直していくとよいでしょう。

(2) 話し方と言葉遣い

① 少し大きめの声ではっきり話す

暗い声でぼそぼそ話されたら聴衆は眠くなります。かといって、怒鳴り散らすような大きな声で1時間も話されたら、騒音と同じで聞く方は苦痛です。特にマイクを使うときには、話に夢中になってくると声が大きくなるし、マイクが口元にきて、声が割れてしまうということがあります。

会場の広さや聴衆の人数によって適宜調整する必要がありますが、一般的には10メートル離れても楽に聞き取れるぐらいの声は出せるようにしたいものです。

また、発音は「はっきりと」話すことです。はっきりした発音は、口の開き方・舌の運び方・呼吸のしかたなど、いろいろな発声上の要素が結び付いて初めてできるものです。日本語は「～します」「～しません」のように最後まで聞かないと意味が通じない言い回しがたくさんあります。口を大きく開けて最後まで明瞭に発音することが大切です。

②声の大きさ・高さに気を配る

話す内容がどのように優れていても、プレゼンターの声が聴衆に届かなければ内容も伝わりません。プレゼンテーションは聴衆が十分聞き取れるものでなければなりません。歯切れよく、一つひとつの言葉がはっきりと聞き取れることが必要です。

よく通る声、つまり、はっきりと聞こえる声とは、大きさ、アクセント、めりはり（高低）の3つが釣り合っている発声のしかたです。決して声が大きいことだけではありません。

また、風邪をひいたりしていると声がかすれたり、出にくくなってきます。プレゼンテーション時には、特に風邪などをひかないように、体調を万全にして臨むことが大切です。

さらに、声は会場の広さとも関係してきます。どの会場でも、聴衆全員に聞こえるようにしなければなりません。マイクを使う場合には音量を調整することになりますが、ポイントは、最後列の人に話し掛けるようにして声の大きさを決めることです。そのときは、届くと思われる音量よりも少し抑え気味の声で次のように聞くとよいでしょう。

「一番後ろの人、聞こえますか？」聞こえるという返答、あるいは合図があった場合には、そのまま少し低めの声で話を始めていくことにします。

また、聴衆が大勢のときは、通常、マイクが準備されていますが、話の途中でマイクが故障して肉声で話さなければならないハプニングが起こることもあると思います。こういうときには、のどからだけ声を出していると、30分もすると声がかれてしまうため、できるだけおなかから声を出すようにします。おなかを使って声を出す練習をしておくと、マイクがなくてもある程度大きな声を持続することができます。

③分かりやすい言葉を使う

プレゼンテーションの話し方はプレゼンター独自の技術ですから、それぞれのプレゼンターの持ち味で行うことになりますが、基本は聴衆の立場に立った話し方を心掛ける必要があります。話す目的は、プレゼンテーションの内容を理解し、納得させることです。

聴衆が分かる言葉で、考え、理解しやすい速度で、はっきりと話すようにすることが大切です。1箇所分からない言葉が出てくると、それから後の意味が分からなくなってくるので、話全体がつまらない、難しいということになります。このことは単語ばかりでなく、句やちょっと長い表現にも当てはまります。分かりやすく言うためのポイントを挙げれば〈図表8－1〉のとおりです。

図表 8−1　分かりやすく言うためのポイント

1. 誤解されやすい言葉はすぐ板書する

人前で話をする場合、いくら自分で分かって話しても聞き手は違う意味に解釈してしまうことがある。例えば、帰還−期間、講演−公園、公証−交渉、私立−市立、消防力−小暴力など、同じ音で、意味の違う言葉（同音異義語）は、念のため板書するか、耳で聞いて分かる言葉に言い換えたり、言葉を補うことが大切である。パワーポイントなどを用いたデジタル・プレゼンテーションの際にも、近くにホワイトボードを置いて必要な時に使用すると効果的である。

2. むやみに外国語・略語を使わない

自分のプレゼンテーションにはくを付けたいのか、それともインテリと見られたいのか、格好をつけて、わざわざ外国語に直して言うプレゼンターがいるが、聞き手に不快感を与えることが少なくない。固有名詞や完全に日本語化された外国語なら堂々と使ってよいが、それ以外は、むやみに外国語は使わないようにする。また、分かりにくい略語はできるだけ避ける。

3. 専門用語をナマのまま使わない

聴衆がプレゼンターと同じことを専門とし、専門用語に精通している場合にはよいが、そうでない場合には専門用語はなるべく使わないようにする。できるだけ聴衆に理解しやすい別の表現を用いるなど工夫が必要である。もし、どうしても専門用語を使用しないと説明できないような場合には、プレゼンテーションのはじめに詳しく意味内容を説明したり、レジュメに記載したりするなどして、聴衆に意味内容を十分に理解させてから話を進めていくとよい。

4. 難しい故事成句やことわざ表現は　やさしい言葉に置き換える

プレゼンターの中には、聴衆が理解できないような難しい漢語表現などをわざわざ使用する人もいる。プレゼンター自身の権威や内容の格調を高めるために行うものと考えられるが、このような行動を取るプレゼンターは、プレゼンテーションの内容にあまり自信のないことが多い。例えば、「不肖、浅学非才をも省みず」は、「私のような未熟な者が」というようなやさしい表現があるのだから、わざわざ難しく言う必要はない。できるだけ聴衆に理解される言葉や表現を使うことを心掛けることが重要である。

④誤りやすい慣用句に注意する

プレゼンテーションの中で、ことわざや慣用句を入れると話が引き締まることがあります。しかし、思い違いの言葉と同じように、間違いやすい慣用句もあります。ことわざや慣用句を使うときには、事前にきちんと調べておくことが大切です。反対に、ちょっとでも自信のない、不安に感じた言葉、慣用句、美辞麗句などは使わない方が無難と言えます。

〈図表8－2〉に誤りやすい慣用句の例を挙げておきますので参考にしてください。

図表 8−2 誤りやすい慣用句の主な例

誤	正
（あ）	
愛想を振りまく	愛嬌をふりまく
足げりにする	足げにする
頭をかしげる	首をかしげる
アリの入り込むすき間もない	アリのはい出るすき間もない
（い）	
怒り心頭に達した	怒り心頭に発した
（う）	
腕よりの記者	腕利きの記者
裏舞台での交渉	舞台裏での交渉
（え）	
縁は奇なもの味なもの	縁は異なもの味なもの
（お）	
押しも押されぬ	押しも押されもせぬ
汚名挽回	汚名返上
女手一人で育てる	女手一つで育てる
（か）	
顔をうかがう	顔色をうかがう
風下にも置けぬ	風上に置けぬ
髪を丸める	頭を丸める
間髪を移さず	間髪を容れず

誤	正
（き）	
犠牲を被る	犠牲を出す、犠牲となる、犠牲を払う
気に介さない	意に介さない
気の置ける店で一杯	気の置けない店で一杯
議論伯仲	議論白熱、議論沸騰
（く）	
口先三寸	舌先三寸
口を濁す	言葉を濁す
（け）	
言論風発	談論風発
（こ）	
古式豊かに	古式ゆかしく
（さ）	
酒を飲み交わす	酒を酌み交わす
（し）	
照準を当てる	照準を合わせる
食指をそそる	食指を動かす
白羽の矢が当たる	白羽の矢が立つ
素人はだし	玄人はだし
心血を傾ける	心血を注ぐ、心魂を傾ける
（す）	
酸いも辛いもかみ分けた人	酸いも甘いもかみ分けた人
（せ）	
昔日の感に堪えない	今昔の感に堪えない
（て）	
手の裏を返すように	手のひらを返すように
天地天命に誓う	天地神明に誓う

誤	正
(に)	
苦虫をかんだように	苦虫をかみつぶしたように
(ね)	
熱にうなされる	熱に浮かされる
(は)	
腹の裏を明かす	腹のうちを明かす
(み)	
見掛け倒れ	見掛け倒し
耳をかしげる	耳を傾ける
(む)	
胸先三寸に納める	胸三寸に納める
(め)	
目をひそめる（眉をしかめる）	眉をひそめる
(よ)	
横のものを縦にもしない	縦のものを横にもしない
弱気を吐く	弱音を吐く
(り)	
留飲を晴らす	留飲を下げる

(3) 話のスピード

声の大きさやアクセント、めりはりも重要ですが、話すスピードも大切です。適度なスピードとは聞き手が感じる速さ、間の取り方です。決して話し手の考える適度ではないということに注意しなければなりません。

一般に慣れないプレゼンターの話は早くなる傾向にあります。頭の中に話さなければならないことがたくさんあって、これを忘れないうちに話してしまいたいという焦りがあるのか、あるいは早く話を終えたいという気持ちが働くのか、いずれにせよ、自然に早口になってしまうことが少なくありません。

一語一語はっきり聞き取れるように話すためには、おのずとゆっくり話すことが必要となります。特に初心者のプレゼンターの場合には、自分が適当と考えているスピードよりも、若干テンポを遅くしてゆっくりと話をすると、聴衆が聞いていて理解できる適度なスピードになると考えてよいでしょう。

では、具体的にはどのくらいの速さがよいのでしょうか。

ＮＨＫの調べによれば、普通、アナウンサーが読むニュースのスピードは、漢字と仮名を交ぜて、１分間に３００字とのことです。また、比較的ゆったりと聞こえる、いわゆるナレーションは２７０～２８０字と言われています。

したがって、このくらいの速さが聴衆にとって聞きやすいスピードではないでしょうか。ぜひ1度、新聞などを読んでみて、自分の言葉の速さを試してみてください。

もし、話をしながら、「少し速いなあ」と感じたら、聴衆は速すぎると感じます。つまり、「少し、遅すぎるかなあ」と思うくらいのスピードがちょうどよいのです。

なお、スピードが速いか遅いかは、聴衆の層によっても異なってくると言えます。一般に、年代が低い層では速いテンポが好まれ、年代が高い層では遅いテンポが好まれるようです。これは音楽にもそのような傾向があります。

さらに、速さが単調だと聴衆は退屈します。大事なところはゆっくり、そうでないところは速めにさらっと流すというようなテクニックも重要です。

(4)間《ま》の活用

人は一つのまとまった情報を受け入れ、頭で理解するまでには、個人差にもよりますが、数秒間の時間が必要と言われています。したがって、話のスピードが重要であると同様に、話と話の間、沈黙の時間の活用も重要です。

〝間《ま》〟は、音楽にたとえると、楽典の休止符に当たります。つまり、楽器を鳴らさない部分、歌を歌わない部分に当たるわけですが、これが適当にあるから歌は生きているのです。もし休止符がまったくなかったり、休止符をぞんざいに入れた楽譜では、生きた楽譜にはなりません。

話し方についても同じことが言えます。話し手がまったく間を取らずに、のべつ幕なしにしゃべり続けていたのでは、話はうまくまとまりません。

間は、話の内容に聞き手の関心を呼び起こしたり、盛り上げたり、強調したり、考えさせたりする際に大きな効果があり、その活用を話し手としても考えることが大切です。

間を取ることは、特に初心者のプレゼンターにとって簡単ではないと思います。

しかし、間を取るところできちんと取ると、話がぐっと引き締まります。それを、〝立て板に水〟のように一方的に話したのでは、話に締まりがなくなり、しかも、話し手・聞き手ともに疲れてしまいます。

例えば、営業先などでの説明の最中、ここは重要という部分の前で、一瞬黙ります。相手が「えっ」という表情で顔を向けたところに、それまでよりも少し大きな声で再び会話を続けるようにします。こうして会話にめりはりを利かせることで、相手がそれまでよりも話に興味を持って聞いてくれるようになることが多いのです。

上手な話術とは、相手を常に話をしやすい状態にしてやりながら、自分も話すことであり、しかも相手を疲れさせてはいけません。

つまり、〝間を置く〟ということは、聞き手に、次は何を言うのだろうと、想像させる時間を持たせることです。それにより、聞き手との交流が生まれるのです。

Coffee Break 6

聞き上手になる3つのポイント

聞くスキルは話すスキル以上に仕事の成果に直結することが多いのです。優秀な営業マンは聞き上手ですし、マネジメント力の高い上司は部下の話によく耳を傾けるものです。

聞き上手になるためのポイントは次のとおりです。

①適切なうなずきと相づちを行う

内容に応じて、うなずくテンポを変えます。例えば、未来の話や楽しい話などポジティブな内容のときは早くうなずき、過去の話や悲しい話などネガティブの内容のときはゆっくりうなずくとよいです。

②相手に答えやすい質問を心掛ける

相手が話しやすい質問を事前に用意しておき、その反応を予想して、どんな反応でも有益な情報を提供できるように準備しておきます。

③不快にさせないように注意する

不快にさせないためのポイントは3つあり、1つ目は「話す」配分を相手7対自分3にすること、2つ目は目線を合わせること（ただし、相手が目線を外そうとするなら無理に追わない）、3つ目は相手との距離は相手に任せること、つまり、相手の気持ちを最優先することです。

聞き上手になるためのポイントは以上のとおりですが、会話の途中で「それはこういうことですか？」と相手の話をまとめるのも会話を促す効果を持ちます。

出所：日本経済新聞（朝刊）2009年9月19日付「聞き上手、相づちにもコツ」をもとに作成（著者一部修正）。

第9章

プレゼンテーション場面でのテクニックとは

私たちが話をする場合には、必ず何らかの目的があります。それは、伝達し、説明することであり、あるいは感動させることです。さらには、聴衆を楽しませたり、納得させたり、行動させるためです。

ここで言う〝楽しさ〟とは、単に聴衆を笑わせることだけではなく、聴衆を愉快にさせ、リラックスさせることです。

そして、話はどんな内容のものであっても、必ず、聴衆に何らかの変化が生まれることを期待しています。プレゼンテーションの場合も同じことが言えます。

プレゼンターが、どんな熱心に話しても、話の以前と以後を比べて、聞き手の心や態度に何の変化もなければ、そのプレゼンテーションは失敗したことになります。

プレゼンテーションがうまくいったというのは、プレゼンターが目的にしている考えが聞き手に正しく伝わり、その結果、何らかの反応が見られたことを指して言います。

ここでは、基本的なプレゼンテーションテクニックのポイントを幾つか挙げることにします。

1. 話の切り出し（オープニング）の工夫

プレゼンテーションの口火の切り方は重要です。

ほとんどの聴衆が、もっともプレゼンターに注目するのは、プレゼンターのいわゆる〝開口一番〟なのです。「どんな声を出すのかな?」「何を真っ先に言うかな?」など、かたずをのんでプレゼンターの一言目に集中しているのです。

よく演壇に立つや否や、次のような言い訳をするプレゼンターがいます。ただいまご紹介いただきました○○でございます。私は生まれつき話し下手ですから、今までは話す機会から逃げ回っていたのですが……」「私のような若輩者が皆さまのような偉い方たちの前でお話しするなど、お恥ずかしい次第ですが……」

これらはいずれも、言い訳の言葉です。

自分では謙虚な気持ちのつもりで話を切り出したのかもしれませんが、これでは聴衆から軽視されるだけでしょう。

そこで、プレゼンターは聴衆を強く引きつける工夫をすべきです。

特に大勢を前にした、スピーチ形式でのプレゼンテーションでは、聴衆を引きつけるためのテクニックとして、テーマに合うユーモアを含んだ、落語で言う「まくら」となるべき話材を用意するとよいでしょう。

必ずしもテーマに合致した内容ではなくても構いません。関係のある軽い話題などを話し、自然に本題へと移ります。

つまり、聴衆の関心のある身近な話題から始めて自然にプレゼンテーションの内容に引き込んでいくというのが望ましいのです。聴衆の興味を引きつけるには、話をその日の朝刊やＴＶニュースなど、ホットな話題から入るとよいでしょう。

特にビジネス・プレゼンテーションなら、本題と関連した話題を、当日の日本経済新聞などから拾えます。一般ニュースは皆で共有できるネタですから、共感が生まれやすい空気ができあがります。

テーマが決まったら、できるだけテレビや新聞などに注意を払い、プレゼンテーションに使えそうな話材を探し、「今日ならこういう導入をしよう」というように話を組み立てておくことが大切です。

2. 話の締めくくり（クロージング）の工夫

プレゼンターがプレゼンテーションの準備を行うときに、話の切り出しや話の筋立てには十分気を配っても、プレゼンテーションの締めくくりについてはあまり考えないことが多いようです。また、終了間近になると、時間不足からくる焦りが生じることもあります。

プレゼンテーションが終わりに近づいているという合図を聴衆に送ることが肝要です。例えば、「私の最後の要点として」や「結論として」などといった言い回しを挿入し、これまでに話してきた内容のすべてについて要約しようとしていることを聴衆に知らせます。

落語の最後を「落ち」と言います。落ちの切れ味の良さ悪さがそのまま話の良さ悪さにつながるため、噺家《はなしか》は落ちに神経を使います。

落語は、まさに最後の一言のために話を進めていくといってよいでしょう。

プレゼンテーションも同様で、あいまいなプレゼンテーションの締めくくり方をすれば、プレゼンテーション全体の印象もあいまいになり、実践への動機付けも希薄になります。落語の落ちほどの切れはなくても、できるだけ印象的にプレゼンテーションを終えるように工夫することが大切です。

プレゼンテーションの締めくくりについては、「第6章　効果的なプレゼンテーションのしかたとは」の3．結論の中でそのポイントを挙げておきましたが、重要なことは、ゆとりを持ってプレゼンテーションの筋立てを追い、最後にレジュメに沿ってポイントを確認し、今後の聴衆自身の行動を促して締めくくりとすることです。

なお、プレゼンターの中には、「まだ、お話ししたい大事な話もあるのですが、時間がなくなりましたので……」といった言い訳をする人もいますが、このような言い訳は、聴衆に不充足感を生ませるだけです。

〝終わり良ければ、すべて良し〟で、プレゼンテーションの締めくくりは印象的に終えるように工夫することが大切です。

3．言葉に威力を持たせる工夫

能力のある人は、その人が心の中に描いている考えを、他者にうまく伝えることのできる人です。もし、自分の考えを他者に正確に伝えられないとしたら、それは次の

3つの理由のためです。

①自分が伝えたいと思うことを、まず、心の中ではっきりと整理していない

自分で考えを注意深く分析していなかったら、これらの考えを言葉にして他者に伝えようとするのは無理でしょう。

②うまく言葉に言い表すことができない

何を考えているのか、自分自身ではよく知っています。しかし、その考えを他者が容易に理解できるように言葉で表現することができないということです。

③相手の注意あるいは関心を引きつけておくことができない

自分の言葉にアピールする力がなければ、聴衆は1分もたたぬうちにそっぽを向いてしまうでしょう。

以上、自分の考えをうまく発表できない人の理由を3つ挙げました。

それでは、言葉に威力を持たせるにはどうすればよいでしょうか。次にポイントを3つ挙げておきます。

①自分の考えを、話したり書いたりする前に、まずはっきりとさせる

問題や考えを相手に伝えようとする前に、自分自身がその問題なり、考えを、はっきり理解していることを確かめる必要があります。その考えが、自分の心の中ではっきりまとまるまで相手に話しはしないようにしましょう。多くのプレゼンターが失敗するのは、十分な準備をしないで話し始めるからです。十分な準備というのは、プレゼンターが聴衆に、その考え方の狙いや意図がどこにあるかを分かってもらうことも含まれるのです。

②自分の言葉を聞き手の関心に結びつける

プレゼンターが自分の言葉を聴衆の関心のあるところに合わせなければ、言葉の意味は薄れてしまいます。聴衆の注意力を引きつけておくためには、自分の言葉は、聴衆の立場を考えに入れておく必要があります。プレゼンターの言葉が、聴衆が個人的に関心を持っていることとか、必要としている点に触れると、好ましい反応を示すことでしょう。

③心を打つ言葉を使う

プレゼンターは自分の考えを伝えるだけでは十分ではありません。自分の言葉が、考えを説明するだけでなく、それによって行動がつくられなければなりません。

プレゼンターの言うことが、いかに利益になるか、いかに役立つかを聞き手に理解させたとき、はじめて、プレゼンターの言葉は、そういった行為を起こさせることができます。つまり、話し手の言葉が、話し手と聞き手の共通した利益に、アピールするようにすることが大事です。

4. 変化を持たせる話し方

話す目的は、プレゼンテーションの内容を聴衆に理解させ納得してもらうことです。聴衆が分かる言葉で、考え、理解しやすいスピードで、はっきりと話すことが重要です。しかし、同じような調子で話を続けると、聴衆はおよそ15分〜20分で飽きがくると言われています。時間帯を考え、眠気が襲う時間があればできるだけ興味深いたとえ話や実例を豊富に盛り込むようにします。また、ホワイトボードを使う…、強調する…、質問する…、身ぶりや手ぶりをつける…、リズムを変える…など変化を持たせながら話を進めていくと効果的です。さらに、テンションを上げたり下げたりする声の抑揚などの工夫も大切です。要は、聞く身になって話すことです。

ところで、テレビのＣＭ（コマーシャル）はほぼ15分間隔で流れます。その影響か、今の学生や若者には15分くらいしか集中力が持続しない〝クオーター人間〟が多いと言われています。

プレゼンテーションをする場合においても、聴衆の興味を持続させるには、15分置きくらいにユーモアやジョーク、余談を取り入れるなど表現に工夫を凝らし聴衆をリラックスさせるようなテクニックを身に付けることも良いプレゼンターの条件ではないかと思います。

Coffee Break 7

理想的なスピーチの時間
（スピーチは45秒でヤマ場を入れ、短めに切り上げる）

披露宴のスピーチや会社のパーティーなど、私たちが人前で話す機会はたくさんあります。

こうしたスピーチで、ちょうどよい長さはどのくらいなのでしょうか？

「スピーチは短ければ短いほどよい」などといわれます。人が話をしているとき、1分を過ぎるころになると、出だしの巧拙で、話し手から目をそらし、横を向いたり、うつむいたりし始め、話に耳を傾けなくなることがあります。

自分の気持ちを人に伝えるには45秒程度が適当といわれています。

祝賀会などでのスピーチは、45秒以内に1度の割合で話のヤマ場を設定したり、しゃれたユーモアやジョークを入れたりすれば、かなりレベルの高いスピーチとなるのではないでしょうか。つまり、45秒ごとにエッセンスを加え2分程度ですっきりまとめる、これが理想的なスピーチといえます。もし、これ以上長くなると、料理を目の前にして待たされている出席者のひんしゅくを買う結果になります。自分で「これでは短すぎないかな」というくらいが、一番良いスピーチの時間と思ってください。

5. 時間の管理

①終了時間の厳守

講演会や研究会では、通常、聴衆にあらかじめプログラムが配布されたり、「○○時～○○時」という予定が知らされています。

プレゼンテーションは予定されている時間内に終了することが基本です。いかに内容が充実していても、プレゼンテーションの予定時間を過ぎてしまっては、効果は半減してしまいます。時間を超過すると、次の人のプレゼンテーション時間に食い込んだり、休憩時間が減らされたりするからです。また、プレゼンテーションがその日の最後の場合には、聴衆の中には人と会う約束をしているなど、その後の予定に大きな支障が生まれてくることにもなります。

また、予定の時間内におさまらず、5分、10分と延長すると、延長した部分の話についてはまったくうわの空ということもあります。

熱心なあまり時間をオーバーするのは、決してよいことではありません。話を時間どおりに終了させるためには、プレゼンテーションのシナリオに沿って時間管理をきちんと行うことです。

ところで、初めてのプレゼンターが時間管理で悩むのは、時間が余ってしまったらどうしようということだと思います。時間が余ることを恐れて、盛りだくさんの素材を用意し、ことさらに詳細な説明に終始し、その結果、時間オーバーということになってしまうケースが多いようです。

しかし、時間が余ることをあまり心配する必要はないと思います。

予定していたカリキュラムが予定時間よりも早く終わってしまった場合の〝緊急対

策〟としては、早く終わったそぶりなど一切見せず、堂々と、これまでの内容を繰り返し、要約を重ねていけばよいのです。あるいは、質問を受けるのもよいでしょう。もし、質問が出なければプレゼンターが指名して、自分の話から何を考えたかなどを聞いたりして、まとめに利用すればよいのです。欲張って新しいことを話すと、それこそ蛇足になってしまうので注意が必要です。

②時計の使い方

時間管理は聴衆の見えないところで行うことが大切です。時計は腕にはめたままにしない方がよいのです。腕時計をはめたままプレゼンテーションをしていると、時間を気にするたびに、腕を曲げて時計を見ることになります。そのしぐさが、聴衆に対するマイナスの行動暗示になり、せっかく話に集中していた注意を時間の方に向けてしまうことになります。

つまり、「もうこんなに時間が過ぎたのか」「あとどれくらいで終わりか」など、聴衆の気を散らすことになります。

ある程度の規模の会場であれば、通常、講演者向けの備え付けタイマーが設置されています。現在時刻と残り時間などが同時表現される便利なものです。事前にレンタルできるか確認しておきましょう。

会場でタイマーが用意できないようであれば、プレゼンテーションを始める前、あるいはそれと同時に腕時計を腕から外し、机の上のプレゼンテーション資料の横に置き、時間を確認するときのプレゼンターの視線が、あたかも資料を見ているようにするとよいでしょう。

6. マイクの使い方

マイクは私たちの生活に深く入り込んできました。研究会や講演会だけではなく、一般の会議でも、披露宴や祝賀会でも、人の集まる所には必ずマイクが設置されています。

しかし、上手な話し手であってもマイクを通しての話になると、これの扱い方にまったく慣れていない人がいます。

プレゼンターは、自分の肉声に配慮するとともに、効果的なマイクの使用についても考慮しておかないと、聴衆にプレゼンターの声が聞きにくくなってプレゼンテーション効果が上がらないことになります。

マイクの使用上で注意すべきことは、マイクに近づきすぎないこと、大きな声を出しすぎないこと、離れて話す場合は声を調整することなどです。

マイクは強い声を一層強く、弱い声を一層弱く伝えるという特徴を持っています。したがって、発声の上で、強くなるところはなるべく抑えて発音し、弱くなるところは多少強めに発音するといった調整が必要です。

つまり、発声する音自体に、強いものと弱いものがあります。例えば、破裂音（カ行、タ行、バ行）は強く、摩擦音（サ行、ハ行）は弱いため、破裂音はなるべく抑えて発音し、摩擦音は消えやすいので気を付けなければなりません。

また、マイクには通常、指向性を持ったマイクが使われます。正しく正面に向かわないと声を伝えてくれないもので、それを知らないために横を向いて話したりすると、声が入らなくなったり、不明瞭になってしまいます。

マイクをうまく使いこなすことは、話し手の一つの技術と言えます。

〈図表9－1〉にマイクの種類と使用上の留意点を挙げておきますので参考にしてください。

図表 9−1 マイクの種類と使用時の留意点

種類	使用上の留意点
1. 固定式マイク	マイクの前で身体の動きを大きくしたり、ホワイトボード（または黒板）に字を書いたりすると、その都度マイクに入る声は急に小さくなる。離れる場合には声を大きくするようにするとよい。また、高さが調整できるマイクなら自分の口の位置に合わせる。口とマイクの距離は、大体10センチくらい離れた位置が適当である。
2. ハンドマイク	自由に歩きながら話ができるというメリットはあるが、話に夢中になって、マイクを近づけて、舐めて話すことのないように注意する（104ページの図参照）。また、ハンドマイクは長時間使用すると疲れるといった問題があるので、固定式マイクと併用することもよい。
3. ワイヤレスマイク	手持ちのワイヤレスマイクや、胸ポケットに入るもの、ネクタイに付けられる小さなものがあるが、コードがないため非常に便利である。しかし、人によって声量が違うので、特にネクタイピン式のワイヤレスマイクは、テストした上で付ける場所を決める必要がある。また、休憩時のスイッチの切り忘れに注意したい。

7. ユーモアの工夫

まじめな看護師さんが、眠っている患者の鈴木さん（仮名）を揺り動かして「鈴木さん、睡眠薬を飲む時間ですよ」と、起こしているジョークがあります。まじめさをからかうことで作られたジョークです。「笑いとユーモアの精神は、世界最強の言語である」といわれています。笑いとユーモアは常に親しみの感情と共感とを誘い出します。

小学校の先生が児童に「戦後、日本で一番発達した〝工業〟は何ですか」と質問したら「吉本興業」と答えた実話があるそうです。プレゼンテーションの中にも、楽しく聞けるユーモアをぜひ盛り込みたいものです。ユーモアは、一朝一夕にして身に付くものではありませんが、話の途中で自分の体験や失敗談を自然に話せるように工夫することが大切です。

話の潤滑油であるユーモアを時々入れて、聴衆の緊張を解くようにしたいものです。

ただし、ユーモアやジョークというのは、それを発する場所やその場に居合わせた顔触れなどによって、正反対の結果をもたらすこともあるので注意が必要です。ユーモアやジョークを言う本人が、人を見極める目を持ち、機知に富んでいなければ、嫌みなだけに終わってしまうこともあります。また、小噺などは、ある年代の人にしか分からなかったりする場合があります。

聴衆の層を調べ、プレゼンテーションの内容と関連づけるなど、事前の準備を入念に行うことが重要です。

さらに、ユーモアやジョークを言うときの留意点を3つ挙げておきます。

①前置きを長くしないこと

プレゼンテーションの出だしに「これから私が、面白い話を致します」とか、「面白い話があるので、ぜひ聞いてください」といった話が、面白くも何ともない内容のものであったら、聴衆はがっかりするでしょう。仮に面白い内容であっても、〝前口上〟したために、効果は半減してしまいます。

②自分から先に笑い出さないこと

話し手が先に笑い出すことは、笑いを起こすことになりません。ましてや、「こっちが笑ったなら、聞き手もつられて笑ってくれるだろう」と押し付けがましい高笑いをするのは愚の骨頂と言えます。

最後の落ちを言い終わっても、決して聞き手が笑う程度以上の笑い方をしないことです。聞き手を笑わせるのだという気持ちを忘れることなく、なるべくまじめに近い顔で、にっこりとするぐらいのところでしょう。

③ブラックユーモアを言わないこと

悪ふざけと取られるようなものや、思いやりのない話で笑いを起こすことは邪道です。聞き手の関係者に、話の中に当てはまる人がいたら、腹を立てることでしょう。

Coffee Break 8

乾杯のスピーチ①（結婚式の披露宴のとき）

結婚式の披露宴で乾杯の音頭をとる時に、一番気をつけたいことはスピーチの長さです。乾杯は全員立ったままでグラスを持っていますので、ここで長いスピーチをするとゲストが苦痛に感じてしまいますし、グラスを下に置いてしまう人もでてしまいます。乾杯の音頭は手短に済ませることが大事です。一般には、30秒ほど、長くても1分程度がよいでしょう。

乾杯の挨拶は、主賓スピーチと違い、短時間でゲストの士気を高めるためには、耳にした瞬間に、ニッコリできる簡潔な話題構成が必要です。参考までに、基本的な定型句を挙げておきます。

○○君　○○さん　おめでとう

ご両家の皆さま方にも　心よりお祝い申し上げます

せんえつではございますがご指名によりまして
乾杯の音頭をとらせていただきます
“ここで、印象に残るパンチのきいた一言。”
それではお二人の末長いお幸せとご両家ならびにご臨席の皆さまのご健勝とご多幸をお祈りいたしまして、声高らかに　ご唱和願います
・・・（一呼吸の間）かんぱーい！

Coffee Break 9

乾杯のスピーチ②（歓送迎会などで突然指名されたとき）

職場の歓送迎会や打ち上げ会などで乾杯の際は音頭を取る人が簡単なあいさつをします。事前に依頼されていれば準備できますが「では○○さん、お願いします」と突然指名されることも少なくありません。とっ

さの場合は結婚披露宴のように格調高い必要はありません。そこに集まった人の心を一つにする一言があれば十分です。目安は15秒くらいと考えてください。壮行会のようにこれから物事が始まる場合は「・・・では前途を祝って乾杯！」という具合に「励まし、お祝い」のセットにするとまとまります。

打ち上げ会のように終わったものでは「・・・ありがとうございました。ではこれからの皆さまのご健康とお幸せを祈って乾杯！」というように「感謝、祈る」が基本になります。

「ご健康を、お幸せを、ご活躍を祈って」という定型フレーズは、ほとんどの場合に使えるので覚えておくと便利です。

第**10**章

質問の上手な受け方とは

聴衆からの質問に対して、答えるのに自信がない場合や、即答できないような場合に出くわすことがあります。心の中で、「困ったな」「今日はついていないな」「どうしよう」などと思うと、必ず表情に出ますから注意しなければいけません。

このように簡単に答えることができない質問に対しては、その場に応じた適切な対応が求められますが、ここでは、質問の上手な受け方として留意すべき点について述べることにします。

1. 質問への対処

答えにくい質問を受けても、決して嫌な顔をしてはいけません。質問には、できる限り誠意のある対応をすることが重要です。

いろいろな質問を受け付けるのは、プレゼンターには大変なことかもしれません。しかし、質問にこそ相手の関心の本質が隠されていることも多いので大切にすべきです。

質問を受けたら、マナーとしてまず、「ご質問ありがとうございます。」という返事をして実際の回答につなげるとよいでしょう。せっかく相手がもう一度聞いてくれようとしているわけですから、返答には「ありがたい」という感謝の気持ちを込めるべきでしょう。

注意しなければいけないのは、「先ほど申し上げましたように…」というフレーズです。「さっきそのことは言ったじゃないか、聞いていなかったのか！」というようなニュアンスを感じさせる上、周囲にも良い印象は与えません。著者も若い時に、上司に同じようなことを言って、ひどく叱られた苦い経験があります。プレゼンテーションだけでなく、上司や取引先に対してもこうしたフレーズは使わないように注意しましょう。

状況によっては、リレー質問をして、他の聴衆から答えを求めるのもよいでしょう。また、質問した本人に対して、「あなたはどう思いますか?」と投げ返す方法もあります。これを投げ返し質問と言います。

2. 対応の困難な質問への留意点

聴衆の質問の中には、簡単には対応できないようなものがあります。

プレゼンターに反感を持って、困らせようとする質問や意味不明な内容の質問、あるいは、専門外の質問などに出くわすことがあります。

このような質問への対応方法として、例えば、プレゼンターを困らせようとする質問に対しては、「○○さん、あなたご自身は、その問題についてどうお考えですか？」というように投げ返し質問を行う方法や、プレゼンターに同調している態度を取っている他の聴衆に答えてもらう方法などがあります。特に、感情的・思想的内容のものは、ほかの人たちにも答えさせると客観性が出てくるため効果的です。

また、意味不明な内容の質問に対しては、いいかげんに分かったふりをしないで、質問をする人が何を言いたいのか、よく聞いて真意を明らかにしてから答えることが大切です。

質問内容が、非常に重要なことや重大なことを暗示している可能性が大きいことがよくあります。聴衆が質問した内容について深く考えてみることも必要です。

さらに、専門外の事柄に関する質問に対しては、自分は専門外であることを断ってから答えるか、あるいは、専門外であることを伝えて回答を断る方法があります。もし、自分のネットワークの中で、質問を受けた分野の専門家がいれば、後でその人に聞いてから質問者に答えてあげるとよいでしょう。

いずれにしても、対応が困難な質問に対しては、プレゼンターも完全ではないので、聴衆からの質問に答えられないこともあります。そのようなときにリレー質問や投げ返し質問を用いると効果がありますが、最終的には聴衆はプレゼンターの確信を持った回答を求めているのです。

したがって、聴衆の回答だけで済ませることはしないで、プレゼンターの見解を述べることが大切です。

もし、聴衆の回答がプレゼンターの見解のヒントになれば堂々とそれを言えばよいし、今一つ確信が持てないときは、「いついつまでにその件は調べてからお答えします」と言うべきでしょう。

なお、質問を受けたときに、プレゼンターは質問者だけに顔を向けて回答しがちとなりますが、プレゼンテーションは聴衆全員に対して行うものです。聴衆の中には同じ疑問を持っていることも多いため、回答は聴衆全員に向かって行うことが大切です。

また、聴衆の中には、自分の知識を大勢の前で披露したいためか、「質問です!!」と言って、延々とスピーチする人がいますが、他の聴衆にとって甚だ迷惑です。これを放置するとプレゼンテーションの予定時間に影響を及ぼすこともあります。タイミングを見て、スピーチを中断させ、取りあえず簡単に回答して、「その続きは、プレゼンテーション終了後にしてください」という対応をしていきたいものです。

さらに、質疑応答の際に詳細なデータや資料を求められることがありますが、そのときは相手のニーズをよく尋ねて、後日お持ちする約策を取り付けるとよいでしょう。そこから、さらに商談の糸口をつかむ機会も得られるのです。

Coffee Break 10

初対面で好感を勝ち取る5つのポイント

初めて会う人に対しては、誰でも多かれ少なかれ〝身構える〟ものです。相手が何の目的で会いに来たかによって身構え方は違いますが、いずれにしても、「信用できるかどうか」、「付き合いやすいかどうか」など、と無意識のうちに品定めをしています。

この品定めは、初対面で示した態度、言葉から受ける印象に基づくのです。そこで、良い印象を与える態度・行動を考える必要があります。ポイントを5つ挙げれば次のとおりです。

①対面相手があらかじめ分かっている場合には、相手のことを研究しておく

…例えば、相手の会社、事業の概況、趣味、人柄、人脈などである。

②落ち着いて、きちんとした態度・行動をする

…背筋を伸ばすが、固くならず、足元はきちんとそろえ、服装は清潔にする。

③明るく、生き生きとした話し方をする

…微笑をたたえ、明るく張りのある声であいさつする。

④相手の不安、警戒心を解消する

…特に顧客の場合、相手が抱いていそうな疑問や不安を、こちらから挙げて「…と思っておられるのではないでしょうか」と機先を制する。

⑤しゃべるよりしゃべらせる

…基本は、相手の関心事に対して質問を投げかける。相手が自分から話すようにきっかけをつくったあとは聴き役に回る。

出所：清水勤『管理者の常識とマナー』90～91頁（清話會出版、1995年）をもとに作成（著者一部修正）。

第11章

“あがり”を和らげるにはどうすればよいか

1. “場数を踏む”ことが最大の克服法

経験の浅いプレゼンターは、自信を持てないためあがってしまうことが多いのです。

人前で話すことを何度も繰り返すことで話す内容や技術に磨きをかけ、自信を持てるようにすることが大切です。つまり、“場数を踏む”ことが最大の克服法です。あらゆる機会を捉えて、積極的に話す経験を積むことです。せっかく話す機会を与えられても、それを避けたり、つまらない取り越し苦労をしたりしていたのではあがりをなくすことはできません。

1週に1度の経験でも、月に4回、年間50回近い〝場数を踏む〟ことができます。また、自信を持つためには、レジュメや資料の作成などの事前準備に十分な時間をかける必要があります。

毎日の新聞やテレビ、あるいは雑誌などからトピックスとなるような情報収集を心掛け、それをプレゼンテーションの中にどう活かすかの工夫を忘れないことです。さらに、自己流でもよいですから、発声練習など日々の地道な努力の積み重ねをしていくことが重要です。

また、プレゼンテーションの前にリハーサルをして気持ちの余裕を持つと緊張が少なくなります。

2．話し始める前に行うあがり予防法の例

緊張すると、プレゼンテーションに集中し、夢中になれるという利点がある一方、緊張のあまりあがってしまい、冷静さを失って大きな失敗をするというマイナス面も見逃せません。そこでプレゼンターはあがり防止策を考えておく必要があります。

例えば、手のひらに「人」という字を書いて飲み込むまねをすると、あがり防止になるといわれています。これと似たものは、ほかにもいろいろとありますが、いずれも気休めでしかありません。要は自分が、こうすれば効果があると信じられるやり方があればそれでよいのです。

あがり防止の特効薬はありませんが、以下の方法は結構役に立つことがあります。

①深呼吸を反復する

マイクのところに行く前に、肩を動かさずに、ゆっくり息を吸いゆっくり吐き出します。これを、3、4回繰り返し、立ち上がります。また、マイクの前に立ったら、すぐ話を始めないで、再び、大きく、ゆっくり、2、3回深呼吸をしてから話を始めるとよいでしょう。

②マイクの調節をして心を落ち着かせる

マイクの前に立ったら、落ち着いて、マイクの高さを自分の口の位置に合わせることです。マイクの調節をすることにより落ち着きます。もし、マイクの調節ができれば、ほとんど、あがりが和らいだ証拠でもあります。

また、大勢の前に立ったとき、自分があがっていると感じたら、その場に応じてマイクの具合を聞いてみるとか、何でもいいから二言三言しゃべってみるのです。その第一声が小さいと、またあがる状態になってしまいます。できるだけ明るく、大きな声を出してみましょう。自分の声を聞けば、不思議に落ち着いてきます。

③片手に10円玉、ペンなどを持ち、強く握り締める

この動作をすることにより頭の中を、話すことから切り離すのもあがりを和らげるこつです。

④始まる前に時間があれば前の人（聴衆）に話しかける

プレゼンテーションをする前に、目の前に座っている人や近くの人と意識的に口をきいて、親しくなっておくと落ち着きます。

ＮＨＫの名物アナウンサーといわれた故宮田輝氏は、当時人気のあった「ふるさとの歌まつり」の司会をするときは必ず、番組の始まる前に、大勢の聴衆の中に入り込んで、「おばんです…」と話し掛けたそうです。

プロのアナウンサーですら、大勢の聴衆の前に立つとあがるのです。

話を始める前に、例えば「これ配布資料なんですけど、後ろに回していただけますか？　ありがとうございます。」など、プレゼンターも一度声を出して聴衆と会話することで、一気に緊張がとけます。

このように口のウオーミングアップをすることによって、あがりを和らげるようにしましょう。

3. あがり防止の心構え

あがりを防ぐ方法は、各人各様の体験、試行錯誤によっていろいろな方法が考えられていますが、ここでは、あがりを防ぐための考え方、心構えなどを幾つか紹介しておきます。

①会場には早めに入り、その場のムードを知る

部屋の広さ、明るさ、マイクの有無、ホワイトボード（または黒板）・チョーク・マーカーなどの備品の状態、机の配置、報告者席、聴衆の座り方や熱意の度合いなどを、プレゼンテーションの開始前に把握しておきます。

そして、プレゼンテーションをしている自分自身の姿を想像し、そんなに緊張するほどのことでもない、と自分自身に言い聞かせて気持ちを楽にさせます。

②あがるのは最初の5分間だと自分に言い聞かせる

かなり経験豊かなプレゼンターでも最初の5分間は緊張するものです。その5分間が過ぎれば次第に緊張感は薄れていくと考え、導入の段階で話す内容を事前に入念に準備し、聴衆を自分の話へと引きつけていくように工夫します。

③自己紹介は、ゆっくり、はっきりと言う

あがっていると、出だしの言葉が早くなり、声がうわずり、高めに出ます。また、早口でスタートすると、ゆっくりしたスピードに戻すのは大変難しいのです。

プレゼンターの中には、よく美辞麗句を暗記し、最初から格好よく見せようと思っている人たちがいるようですが、言い間違えたりしたらどうなるでしょうか？　あがりはますます激しくなります。

自己紹介は、あがりを和らげる言葉と言えます。名前をゆっくり、はっきりと言うのが出だしのこつです。

④あがっていることは誰も気付いていないと自分に言い聞かせる

あがってしまったときの対処法として、「今、私、緊張しておりまして、あがってしまっているんです」とあがってしまったことを隠さずに言ってしまうやり方があります。しかし、これにはかなり勇気が必要です。素直な気持ちになれないと、大勢の聴衆の前では、実際にはなかなか言えないことです。

プレゼンター自身はあがっていると白状しても、聴衆は「プレゼンターはあがっていたようには見えなかった」と驚くことも多いのです。あえて〝白状〟することはないでしょう。

自分が話している姿を自分で見ることはできません。実は、結構落ち着いて話しているにもかかわらず、自分の姿を正しく認識できないために「あがっているに違いない」などと自分勝手に決め付けている場合が多いのです。つまり、この状態というのは、自意識過剰になっている状態と考えられます。

⑤うなずく人を見つけ、その人に向かって話し掛けるようにする

どんなに会場の雰囲気が良くても、必ずといってよいほど、冷たい視線に出くわすことがあります。そういう人に目を合わせると、面白い話でも、笑いもしませんから、何となく自信がなくなってくるものです。そういう人とは目を合わせないようにして、好意的な優しい目をして「うんうん」とうなずきながら聞いている人を見つけ、その人を見て話をすると落ち着きます。

⑥心理的にプラス観念を持つ

話すことに最善を尽くすことが重要であって、完璧を求めなくてもよいのです。どんなに立派なプレゼンテーションをしても、100人の聴衆が100人全員絶賛するとは限りません。

後で集めたアンケートを見ると、どんなに評判の高いプレゼンターが良いプレゼンテーションをしたと思っても、聴衆の中の1割くらいからはまったく正反対の意見、

感想が出るのが普通です。

自分では思いもよらなかったネガティブな意見、感想が出ても腹を立てないで、「自分はこういった点について気が付かないんだなぁ。今後、ここのところを絞って話せばよいだろう」とプラスの観念を持って考えることが次のプレゼンテーションのときのあがり防止につながります。

プレゼンテーションは、聴衆の半数以上が良いと評価してくれたら成功と思って、他者の批判を恐れないことです。

また、初心者のプレゼンターの場合は、〝自分をよく見せよう〟、〝聴衆から良い評価を得よう〟などとは考えないで、どうせ自分の能力はそれほど高くないし、話し方の初心者なのだからやむを得ないと自分に言い聞かせると気が楽になります。

⑦逆努力であがりを防止する

スポーツ選手が敗戦の弁をするとき、よく「プレッシャーで負けました」という話をします。あがり性の人は、ここ一番というときによく頭の中が真っ白になってしまうのですが、こんなときは自身に「あがるな」と言っても無駄です。

むしろ反対に思い切り自分にプレッシャーをかけて、「あがれ、あがれ」と考えた方が好結果を得られます。あがってもいいと開き直ると、かえって自然に身体がほぐれ、落ち着きます。これは逆説的思考とか逆努力と言われるものです。

役者は公演初日を迎える前の晩、せっかく覚えたせりふをいったん一切忘れてのんびり一杯やったりして、プレッシャーを克服すると言われています。

何事もうまくやろうとするからうまくいかないのです。

⑧水差しの水は、慣れないうちは飲まない

演台には、マイクのほかに、水差しやおしぼりが用意されているのが普通です。

あがりを和らげる方法の一つとして、演壇に立ったら、プレゼンターはまず水差しからグラスに水を注ぎ、ゆっくりと一口飲み、そして、悠々とおしぼりで手を拭くことを勧めるインストラクターがいます。

こうした動作は、聴衆から見れば、これだけで、実に落ち着いたベテランのプレゼ

ンターに見えてきます。

しかし、初心者のプレゼンターの場合はどうでしょうか?

目の前の水差しやおしぼりをどう取り扱ってよいか分からないくらい上気しています。

おしぼりで手を拭くのはよいでしょう。上気し、手に握った汗を拭いて気分を落ち着ける効果があります。しかし、水差しの水を飲むのは、緊張している場合には、やめておいた方がよいと思います。初心者のプレゼンターの場合には特に緊張からか、のどが渇きやすく、水が飲みたくなります。しかし、緊張している状態で水差しの水をコップに注いだら、必ず手が震え、コップと水差しがぶつかってガチャガチャ音がしたり、水をこぼしたりすることになりかねません。中には、緊張のあまり手が震えて、コップに水を注がずに、水差しの口から直接水を飲んだプレゼンターもいると聞いています。

慣れるまでは、水差しの水は飲まないようにしましょう。

Coffee Break 11

1分間スピーチのチェックポイント

まず、スピーチ原稿を400字くらいにまとめます。そして、それを見ながら1分間スピーチをします。そのときに話す速さと声の感じをつかみます。

チェックポイントとしては、次の5つのポイントが挙げられます。

(1) 5つの原則（①目的・・何のために話すのか、②聞き手・・誰のために話すのか、③場面・・どこで話すのか、④時・・いつ話すのか、⑤立場・・どんな立場で話すのか）は満たされているか

(2) 話のポイントは絞られているか

(3) 話の組み立てはうまくいっているか

(4) 話の速さはどうか

(5) 声の調子はどうか

第12章

パワーポイントの使い方はどうすればよいか

最近は、プレゼンテーションの中で視聴覚機器の使用が増えています。視聴覚機器といえば、パワーポイントが代表的なものとして挙げられますが、このほかにも、ビデオ、DVD、CG（Computer Graphics）などさまざまなものがあります。

こういう視聴覚機器を利用する狙いは、「説明しにくいことや、表現の難しい事柄を理解させる」、「長時間の緊張を和らげる」などいろいろあります。

機器を使う以上は、単に配布資料の代わりということではなく、聴衆の期待と興味も考慮して、効果的に用いたいものです。

本章では、パワーポイントの効果的な使い方を挙げることにします。

パワーポイントは、マイクロソフト社の製品で、マイクロソフト・オフィス（マイクロソフト社のビジネス用アプリケーションソフトを一つにまとめたパッケージ製品）を構成するソフトウエアの一つです。多様なシチュエーションに対応しており、スライドでのプレゼンテーションからＬＡＮ（Local Area Network：構内通信網）上でのリアルタイムプレゼンテーションまで幅広く利用されています。また、プレゼンテーション時に配布する資料の印刷なども可能なことから、幅広い層のユーザーに利用されています。

以下、パワーポイントの効用とパワーポイントを使用するときの留意点を挙げることにします。

1．パワーポイントの効用

①美しい「板書」になる

プロジェクターでスクリーンに投影された文字は明瞭で、文字の個人差もなく、変換ミスに注意すれば誤字もなく、光学式やOHPのスライドよりも格段に美しく、また、研究会や講演会など効果の高いスライドプレゼンテーションを行うことができます。

なお、スライドはあらかじめ作成しておくので、その分、準備に時間がかかりますが、事前にプレゼンテーションの構成を構造化するメリットもあります。各スライドには文字、写真のほかに、音声、動画、プログラムの実行を開始するボタンが設定できます。「スライドショー」では、作成したスライドを画面一体に順次表示することができます。

②文字・図形・画像・音声を入れられる

指定サイズの文字を指定したレイアウトで表示できます。また、円、長方形、矢印などの基本図形を利用することもできます。図形は作成後、随時編集可能です。さらに、静止画はそのまま貼り付けて表示できますし、動画や音声はボタンをクリックすれば再生でき、また、自動で再生できるようにも設定できます。

③文字や画像をアニメーション表示することができる

文字や画像が印象的なアニメーションで画面に現れるような設定ができます。

④レイアウトを自由にできる

文字、図形は任意の場所に指定した大きさで配置することができ、後から編集することができます。

⑤デジタル化された情報を有効に活用できる

過去にワードなどで作成した文書の転用や、Webからの教材の転用が可能です。

2. パワーポイントを利用するときの留意点

①プレゼンテーションの展開はゆっくり行う

パワーポイントを用いたスライドプレゼンテーションでは、あらかじめプレゼンテーションの組み立てが構造化されているので、どうしても進行が速くなりがちです。特に、板書の場合には、聴衆はプレゼンターの板書と並行してノートするのですが、スライドは板書が一挙に出てきます。このため、聴衆に理解し、消化するための時間的余裕を与えないまま、プレゼンテーションだけが先に進んでしまいます。したがって、スライド表示後、ノートの時間を設けて、なるべく間を取ったプレゼンテーションを心掛けることが大切です。

②最も見せたいスライドを冒頭に示す

ビジネスなど制約された時間内で報告する場合、プレゼンターの中心的な主張や結論を最初に提示することが肝要です。結論はできるだけ簡潔な文章で示し、その後それぞれのポイントについて説明を加えていきます。それにより、聴衆はプレゼンテーションのどこに注目していけばよいのかが明らかになります。

③一枚のスライドに、ひとつの情報だけを映し出す

スライドに情報を盛りすぎないことです。数字のような具体的な詳細を映し出す場合は、一枚のスライドにつき、ひとつの情報に絞ることが必要です。

④最後のスライドで要約を行う

プレゼンテーションの最後では、締めくくりとして簡単な要約を行います。要約は聴衆の記憶を呼び戻すとともにプレゼンテーションの論理組み立てを強調するためにも役立ちます。

⑤換気と照明に留意する

パワーポイントによるスライドプレゼンテーションは、暗幕やブラインドを下ろして行うため、部屋の空気が悪くなりやすいので、換気やエアコン使用に気を配る必要があります。また、どうしても部屋が暗くなるため、聴衆がメモを取ることができなかったり、眠気を感じたりといったマイナス面が生じます。

もし、スライドプレゼンテーションが長時間に及ぶときは、休憩を取ったり、時々部屋を明るくしたりするなどしてレジュメや資料などを読む時間に充てるなど環境に配慮することも重要です。

⑥会場の広さなどをチェックしてから行う

パワーポイントで用意した資料は、板書とは違って、会場の広さなどに合わせて臨機応変に大きさを調整し、後ろの座席の聴衆にも見やすくするということが案外やりにくいものです。したがって、事前に会場の広さなどをチェックして、重要な箇所で、後ろの座席の聴衆には見えにくいものは別途資料として配布するなど配慮する必要があります。

以上のとおり本章では、パワーポイントの効果的な使い方を説明しました。視聴覚機器はうまく利用するとプレゼンテーションの効果を高めるのに大変役に立ちます。しかし、これらを使いさえすれば良いプレゼンテーションになるというものではありません。どう伝えるか（方法）は確かに重要ですが、それ以上に、何を伝えるか（内容）が重要であることを十分認識した上で、視聴覚機器を有効活用することをおすすめします。

参考までに、パワーポイントを使用してプレゼンテーションをするときのスライドの作成例を〔図表12－1〕に示しておきます。プレゼンテーションの目的や対象などにより適宜工夫して作成するとよいでしょう。

図表 12-1 スライド作成の例

①1ページ目

②2ページ目

③3ページ目

④最後のページ

第13章 プレゼンテーションが上手な人・下手な人とは

プレゼンテーションで高い成果を挙げられるかどうかは、その内容とプレゼンターの良しあしで決まると言ってよいでしょう。

どんなに素晴らしい内容であっても、プレゼンターの姿勢いかんでは聴衆に「役に立たない」「もう聞いても無駄だ」という印象を与えてしまうことになりかねません。聴衆に好感を持ってもらい、自己啓発意欲を喚起させてこそ、高いプレゼンテーションの成果を得ることができるのです。

この章では、「プレゼンテーションが上手な人とは」、「プレゼンテーションが下手な人とは」について、それぞれのポイントを挙げることにします。

1. プレゼンテーションが上手な人とは

上手なプレゼンターであることのポイントは次のとおりです。

①ぜひ知らせたい内容については、正直で、分かりやすくポイントを絞る

例えば、ホワイトボード（または黒板）は大きな字で書くこと（スライドを使用する場合は、キーワードを中心に掲載すること）、分かりやすく焦点を絞ることなどです。また、プレゼンター自身のポリシーを明確にすることも重要です。

②内容を知らせる工夫が見られる

事例の使い方が上手であるとか、話題が豊富であることなどです。また、大きな声でゆっくり説明し、聴衆の目を見て理解度を確認しながら進めていきます。

③聴衆への思いやりがある

プレゼンターの立場でなく、聞く立場、つまり、相手の立場で話すことです。また、ユーモア、ジョークなどを取り入れることができれば一層効果があります。

④熱意と情熱を込めて話す

熱心であることが最大の説得力といえます。話に熱中することから生まれてくる身ぶり・手ぶりやリズムを効果的に使用することが重要です。

⑤得意の専門分野を持つ

プレゼンターの真価が問われるのは、プレゼンテーションの内容です。つまり、プレゼンテーションの核となるしっかりした専門分野を持つことが大切です。また、ある一分野について深い専門知識を持つと同時に、関連する他の分野について広く浅い知識、「T字型」の知識を持つことも大切ですが、できれば専門は一つだけではなく、第2、第3の専門を持つ、π型、横E型を目指したいものです。そのためには、他のプレゼンターからも学ぶという姿勢を持ちつつ、専門分野の研究と努力を続けることが必要です。

2. プレゼンテーションが下手な人とは

基本的には、上手な人の項目の反対を行うことになりますが、その他、下手なプレゼンターの主な例を挙げれば次のとおりです。

①早口でポイントが絞れない

聴衆は、メモを取るのをやめて、プレゼンターの話を聞くことをあきらめるでしょう。

②話し方が一本調子で、めりはりがない

話す音声に抑揚がなくなると、聴衆の居眠りを誘うことになります。原稿の棒読みも同じことが言えます。

③レジュメのプリントが読みにくく、また、データが古くて役に立たない

聴衆は新しい情報や知識を吸収する目的で参加しているのに、プリントが読みにくければ、それだけで聴衆は読んだり聞いたりする意欲を失ってしまいます。また、データは、信頼性の高い、最新のものを使うことが重要です。

④聞いていると暗くなってしまう

言葉だけでなく、表情が暗い、話す内容が暗いという状態では、聴衆まで暗い気分になってしまいます。

⑤時間にルーズである

プレゼンテーションの開始時間と終了時間がきちんと守れないプレゼンターは、プレゼンテーションの内容がどんなに立派であっても、聴衆と主催者に迷惑を掛けることになり、後味の悪い印象を与えることになるでしょう。

Coffee Break 12

怒りを上手に表現する5つのステップ

怒りの感情をコントロールする技術は、職場だけでなく、日常生活を円滑に送るためにも必要なものです。

怒りを感じたら、自分と怒りの種とを乖離《かいり》させるために、深呼吸などで心を落ち着かせたり、散歩に出掛けたりするのが効果的といわれていますが、例えば、急ぎの仕事をたくさん抱えているときや帰宅直前に上司から急ぎの仕事を頼まれたとします。このような場合、次に挙げる5つのステップで怒りを上手に表現することが大事です。

①**相手の話をよく聞く**（まずは話をきちんと聞く）

②**賛成の部分を伝える**（例えば、「お急ぎなんですね」「納期が迫っているのは私も分かります」など、相手の話の中で賛成・共感できる部分を伝える）

③反対の部分を指摘する（例えば、「明日までということは、完成度が心配です」など、どの部分が自分は反対だと思うのかを懸念として伝える）

④自分の意見を「解決策」として提案する（例えば、「明日までに出すことを最優先にして、8割の出来でもよろしいでしょうか」とか「明後日からなら取り掛かれますが、いかがでしょうか」など、懸念を解決する別の案を伝える）

⑤伝わったかどうか、相手に確認する（例えば、「これでよろしいでしょうか」など、最後に相手が本当に聞いたか、理解したかを確認する）

以上のとおり、相手に反論やマイナスの指摘を伝えるときの順番を知る必要がありますが、相手の話の「賛成」できることを先に伝えることが大事です。そうすれば相手が聞く耳を持つでしょう。

また、④のように、自分の状況や考えを率直に伝え、同時に相手の立場や要望にも配慮した伝え方をすれば、人間関係に軋轢《あつれき》が生じにくく、お互いにストレスを感じずに済みます。このような相手も自分も大事にしながら、気持ちや意見を伝える技術を「アサーティブな自己表現」（assertive self-expression）と言います。

出所：日本経済新聞（朝刊）２０１３年5月25日付「怒りを鎮めて失敗防ぐ」をもとに作成（著者一部追加・修正）。

第14章

プレゼンテーション上級者を目指すためには

プレゼンテーション上級者を目指すための手法は、本書の中にも第8章「プレゼンテーションでの効果的な話し方とは」や第9章「プレゼンテーション場面でのテクニックとは」などにおいても幾つかのポイントを挙げていますが、一言で示せば〝聴衆（聞き手）への思いやり〟を忘れないことです。

「どうやったら、自分の伝える情報が人の役に立つか？　人の手助けになるか？」など、「聴衆のことを真剣に考えること」が大事です。

ここでは、前章までの復習を兼ねて、さらにプレゼンテーションスキル上達を目指すためのポイントをＴＥＤ（テッド）トーク(1)やスティーブ・ジョブズなど世界最高のプレゼン術といわれている例を紹介しながら進めていくこととします。

1．効果的な話し方を知る

現在、プレゼンテーションの実施および指導における世界的な指導者といわれているガー・レイノルズ（Garr Reynolds）は、著書『世界最高のプレゼン教室』(2)の中で、話の運び方についてのコツは「プレゼンテーションの冒頭に、聴衆が気になる仕掛けを用意すること、すなわち聴衆に関心を持ってもらうことが大事。感情を揺さぶり、知性に訴えかけ、目にも美しく、どんな方法でもいい、とにかく関心を持たせること」と述べています。例えば、「具体的な数字とエピソードで引きつけ、目線も爪先も聴衆の方へ向ける」ということです。

スライドを使ってプレゼンテーションを行うとき、初心者は身体をスライドの方に向けてしまい、プレゼン中はそのまま、必然的に、視線もスライドを向いたままです。

それを防ぐために、プレゼン中は足を聴衆の方に向けること、そうすれば、スクリーンを見ながら説明したとしても、終わったら身体の向きが再び聴衆の方に戻ってきます。

このようにちょっとしたテクニックでも心得ておけば、効果的に自分自身を表現することができるようになります。

さらに、レイノルズは自分を表現することのポイントとして、①一人ひとりの〝目〟を見ること（アイコンタクト）、②喜怒哀楽を自然に表現すること、などを挙げています。

まず、アイコンタクトの効果は聴衆が大勢いても、まるで1対1で話しているかのような親近感が生まれるということです。

例えば、最初に最後列の人に視線を向け、自分の声が届いているかを確認しながら話し始め、ワン・センテンスが終わるごとに、次の人に、視線をジグザグに動かしていきます。そうすることで、大人数の中でも1対1で話しているような雰囲気になります。

アイコンタクトをすると聴衆の反応がよく分かり、その聴衆の反応に合わせて、内容や話の順番を微妙に修正していくことによって、双方向のプレゼンテーションが可能になるのです。

次に、喜怒哀楽の感情を込めて話をすることは、オーバーにする必要はなく、知り合いに話しかけるような自然体で表現するということです。

聴衆に好印象を与えるような表情の変化が出るよう、事前にビデオを撮って練習することも必要です。

上級者ならば表に出すのは、自信と「プレゼンテーションの場を楽しんでいる」という気持ちです。プレゼンターと同様に聴衆もプレゼンテーションを楽しんでもらう雰囲気をつくることが大事です。

2. ユーモアを盛り込む

ユーモアの工夫については、本書の第9章においてその効用と留意点を挙げていますが、『TEDトーク世界最高のプレゼン術【実践編】』(3)の中でもユーモアの効果を挙げています。

例えば、「驚きの要素で笑いを取る」つまり、「人は予期せぬ展開や感性を刺激されるような出来事を経験すると大喜びをするもの。場違いなことや衝撃的な出来事をウイットを交えて話すと、人はその驚きを愉快な気分で受け入れる」というのです。

また、最も多く視聴されているTEDプレゼンターたちは、「平均1分間に1度の割合でジョークを入れている。多くて1分間に2つか3つ。さらに、ひとつのジョークが受けたら、さらに笑いを誘いこめるフレーズを3つほどたたみかける」といわれています。ただし、ありきたりなユーモアではなくオリジナルなユーモアが大事です。プレゼンテーションの中で、登場人物やその会話、出来事、あるいは話の筋を上手く脚色することで、オリジナルなユーモアを披露することです。

人前でスピーチをするのはそれだけでも神経をすり減らすものです。そのうえ笑いを取ろうとすれば、緊張が一層増すことになります。大勢の前でユーモアやジョークを失敗させないためには、友人や少人数の聴衆の前で練習するなど事前の準備を入念に行うことが重要です。

3. メリハリをつける

変化を持たせる話し方については、本書の第9章においてその具体的な例を挙げていますが、米アップル社の創業者であり、人を魅了し、説得力のあるプレゼンテーションを行うカリスマ経営者としても有名だったスティーブ・ジョブズ（Steve Jobs）は、メリハリの一番目として、「声とジェスチャーの大きさを変える」ことを挙げています(4)。

先ずは、アイコンタクトをしっかりして話すことと、ジェスチャーを大きくすることです。その上で声の大きさに変化をつけることです。さらに、上級者を目指すためには、ジェスチャーのスピードと、話しのスピードに変化をつけていきます。例えば、プレゼンテーションの中で、あるときはゆっくりと、あるときはスピーディに手を動かしたり、話し方を変えていくことでメリハリがつきます。

さらに、ジョブズには存在感があり、声やしぐさ、表情などから威厳、自信、気迫が伝わってきます。ジョブズはキーワードにパンチを効かせ、それぞれの文章で一番大事な部分を特に強くしゃべるのです。しゃべりに合わせて大きな身ぶり手ぶりも使います(5)。

また、パワーポイントを用いたスライドプレゼンテーションでは、直立して1カ所にじっとしているよりも、リモコンマウスを用いて会場内を自由自在に歩き回って話しをすることにより、聴衆を退屈させないことやダイナミックな印象を与える効果があります。

4. プレゼンテーションの9割はリハーサルで決まる

事前準備については、本書の第2章においてその目的と効果などを挙げていますが、ワールドクラス・スピーキングの認定コーチとして活躍しているウイリアム・リード（William Reed）は、著書『世界最高のプレゼン術』(6)の中でも「プレゼンテーションはリハーサルが9割」と述べています。

プレゼンテーションがうまくいかない人のほとんどが犯している過ちは十分なリハーサルをしないことです。感動的でインパクトのあるプレゼンテーションをする人は、必ず入念な準備をし、リハーサルを怠りません。

リハーサルを行う場合には、必ず「実際に本番ではどのようにするか」を常に念頭に行うことです。極限までの下準備が自信ある表情を生みます。

また、本番の会場でリハーサルができればベストですが、それが叶わない場合は、できるだけ事前に会場を下見して、どのようなプレゼンテーションをするのがベストかを考える時間をとることが大切です。

スティーブ・ジョブズは必ず、本番の前に「下見」をすると言われています。一度、下見することで、気持ちに余裕を持つこともできます。

このように徹底したリハーサルが、プレゼンテーション本番での成功を約束してくれるでしょう。

[注]

1 TEDとは、Technology(T), Entertainment(E), Design(D)の略称で、学術・エンターテインメント・デザインの3つの分野から感動や衝撃をもたらすアイデアを紹介し、広めていくことを目的とした米国の非営利組織（NPO）である。1984年の設立以来、元米国大統領のビル・クリントン、ロックバンド・U2のボノ、Apple創業者の故スティーブ・ジョブズ、そのほか大勢のプレゼンターたちが、強いインパクトを与える内容と優れたプレゼン技術、ビジュアル効果を最大限に活かしたスライドによって聴衆を魅了している。TEDトークは、TED Conference（テッドカンファレンス）など、TEDが開催しているイベントの講演内容を、ネットを通じて配信することで、より多くの人が視聴できるようにするプロジェクトで、現在、多くの動画が公開されており、その全てが無料で視聴できる。

なお、TEDのプレゼンテーションは「18分ルールを守る」ことになっており、「このルールはスピーカーに例外なく適用される。18分というのは説得力のある主張をしつつ、最後まで聴衆の関心を引きつけておくのにちょうどいい長さ」ということである（Gallo, C, *Talk Like TED: The 9 Public Speaking Secrets of the World's Top Minds*' St. Martin's Press, LLC., 2014（土方奈美訳『TED驚異のプレゼン――人を惹きつけ、心を動かす9つの法則』262〜263頁（日経BP社、2014年））。

2　ガー・レイノルズ（Reynolds G.）『世界最高のプレゼン教室』*"The ART of Storytelling"*104〜110頁（日経BP社、2017年）。

3　Donovan, J, *How to deliver a TED talk* (Revised and Expanded New Edition), Jeremey Donovan c/o Eric Yang　Agency Inc., 2014（中西真雄美訳『TEDトーク世界最高のプレゼン術［実践編］』217〜225頁（新潮社、2015年））。

4　松本幸夫『図解 スティーブ・ジョブズのプレゼン術』77〜84頁（総合法令出版、2011年）

5　Gallo, C, *The Presentation Secrets of Steve Jobs; How to Be Instantly Great in Front of Any Audience*, the McGraw-Hill Companies, Inc., 2010（井口耕二訳『スティーブ・ジョブズの驚異のプレゼン――人々を惹きつける18の法則』290頁（日経BP社、2010年））

6　ウイリアム・リード（Reed W.）『世界最高のプレゼン術』*“World Class Speaking”* 212〜213頁（KADOKAWA、2014年）。

第15章

美しい声の出し方はどうすればよいか

はっきりした発音は、口の開き方・舌の運び方・呼吸の仕方など、いろいろな発声上の要素が結び付いて初めてできるものです。

発声練習を繰り返し行い、美しい発声、発音を身に付けることがプレゼンテーションに自信を持たせ、人前に出たときあがりを抑えるのに役立ちます。

次のような練習を、毎日5分でも結構、1週間も続ければ見違えるようにきれいになります。

1. 発音をはっきりさせる練習

(1) 口の体操

(ア) できるだけ口を大きく開いて練習します
(イ) ゆっくり正確に発音します
(ウ) 初めは30秒ぐらいかけて行います

慣れるに従ってスピードを上げるとよいでしょう。
正確、明瞭をモットーとして、だんだん早くしていくようにします。

アエイウエオアオ　ザゼジズゼゾザゾ
カケキクケコカコ　ダデヂヅデドダド
サセシスセソサソ　バベビブベボバボ
タテチツテトタト　キャケキキュケキョキャキョ

ナネニヌネノナノ　シャシェシシュシェショシャショ
ハヘヒフヘホハホ　チャチェチチュチェチョチャチョ
マメミムメモマモ　ニャネニニュネニョニャニョ
ヤエイユエヨヤヨ　ヒャヘヒヒュヘヒョヒャヒョ
ラレリルレロラロ　ミャメミミュメミョミャミョ
ワエイウエオワオ　リャレリリュレリョリャリョ

(2) 早口言葉の例

早口言葉をいきなり早口で言おうとしても、なかなかスムーズにはいきません。最初はゆっくりと口のトレーニングから始め、朝起きたら、「おはようございます」という感覚で、早口言葉を何回も繰り返します。

(ア) **青巻紙赤巻紙黄巻紙、黄巻紙青巻紙赤巻紙、紙巻紙赤巻紙長巻紙**

(イ) **瓜《うり》売り瓜売りに出て瓜売れず、瓜売り帰る瓜売りの声**

(ウ)　お綾《あや》や親にお謝《あやま》り

(エ)　親亀の背中に小亀乗せて、小亀の背中に孫亀乗せて、孫亀の背中に曾《ひ》孫亀乗せて、
親亀こけたら子亀孫亀曾孫亀こけた

(オ)　蛙ぴょこぴょこ三《み》ぴょこぴょこ、合わせてぴょこぴょこ六《む》ぴょこぴょこ

(カ)　鴨米《かもこめ》噛《か》みゃ子鴨《こがも》粉米《こごめ》噛む、子鴨米噛みゃ鴨粉米噛む

(キ)　菊栗《きくくり》菊栗三《み》菊栗、合わせて菊栗六《む》菊栗

(ク)　京の生鱈《なまだら》、奈良生真魚鰹《なままながつお》

(ケ)　粉米《こごめ》の生《なま》がみ粉米の生《なま》がみ、こん粉米の小生がみ

(コ)　この竹垣に竹立て掛けたのは、竹立て掛けたかったから、竹立て掛けた

(サ)　駒込《こまごめ》の子鴎《こがごめ》が小生米《こなまごめ》食うた

(シ)　猪汁猪鍋猪丼《ししじるししなべししどん》シチュー、以上猪食《しししょく》試食審査員試食済み、新案猪食七種中《しちしゅちゅう》の四種《ししゅ》

(ス)　新進シャンソン歌手総出演新春シャンソンショウ

(セ)　書写山《しょしゃざん》の社僧正《しゃそうじょう》

(ソ)　巣鴨駒込《すがもこまごめ》駒込巣鴨親鴨子鴨大鴨小鴨

(タ) 住吉の隅にすずめが巣を作ってすばやくすずめの巣立ちするらん

(チ) すももも桃も桃のうち

(ツ) 月々に月見る月は多けれど、月見る月はこの月の月

(テ) 東京特許許可局局長急遽許可却下

(ト) 毒多き毒の中にも気の毒は何より毒な物でこそすれ

(ナ) 殿様の長袴《ながばかま》、若殿様の小長袴《こながばかま》

(ニ) 長町《ながまち》の七曲《ななまが》り長い七曲り

(ヌ) 成せばなり成さねばならざり、成るものを成らぬというは成さぬなりけり

(ネ) 飛脚《ひきゃく》が柿食や、客が柿食う、客も飛脚も柿食う客飛脚

(ノ) 人の非は、非とぞにくみにて非とすれど、吾が非は非とぞ知れど非とせず

(ハ) どじょうにょろにょろ三《み》にょろにょろ、合わせてにょろにょろ六《む》にょろにょろ

(ヒ) 麦ごみ麦ごみ三麦《みむぎ》ごみ、合わせて麦ごみ六麦《むむぎ》ごみ

(フ) 向こうの棚のなた豆は、煮たなた豆か、なまなた豆か

(ヘ) 武具馬具《ぶぐばぐ》武具馬具《ぶぐばぐ》三武具馬具《みぶぐばぐ》、合わせて武具馬具《ぶぐばぐ》六武具馬具《むぶぐばぐ》

(ホ) 向こうの胡麻殻《ごまがら》は荏《え》の胡麻殻か真胡麻殻《まごまがら》か、あれこそほんの真胡麻殻

(マ) 羊皮紙《ようひし》の表紙の批評集

2. 言葉を軟らかく美しくする練習

①鼻濁音

濁音	ガ	ゲ	ギ	グ	ゲ	ゴ	ガ	ゴ
	ga	ge	gi	gu	ge	go	ga	go
	カ°	ケ°	キ°	ク°	ケ°	コ°	カ°	コ°
	nga	nge	ngi	ngu	nge	ngo	nga	ngo

鼻にかけ、軟らかく

②鼻濁音練習

ガ　長崎から葉書が来ました。

ギ　水際の柳の木の下に山羊がいます。

グ　親にはぐれたうぐいすがねぐら探して鳴いている夕暮。

ゲ　ひげをそってあげましょう。

ゴ　かごにたまごが入っています。

③鼻音を使う一般法則

(ア)　言葉の頭にくる濁音は鼻音化しない。

学校　元気　元旦　御飯　ガラス　ゴミ　ゴトク　群衆　ギブス

(イ)　言葉の中間や末尾にくる場合は鼻音化する。

テガミ　ヒガン　クギ　ひぐれ　すぐれた　こげる　ひげ　この頃

出所：日本能率協会マネジメントセンター編『インストラクター養成教材プログラム』(日本能率協会マネジメントセンター、1996年)他。

以上、発音を美しくするための練習方法として、口の体操や早口言葉、鼻濁音の例などを挙げましたが、発声練習は朝に行うと1日の声の出方が変わってきます。プレゼンテーションの前に準備運動をしましょう。肩甲骨を椅子の背に当てて伸びをすると血行が良くなり声も通るようになります。また、長時間話すときは、事前に首の後ろを温めるとよいでしょう。

心に響く話は声次第とも言われます。聴衆に好印象を与えるためにも自分の声を磨くように努めてください。

付録

ビジネスマナーの基本

1. マナーの重要性

マナーとは、一般に「相手に好感を与える言動、礼儀作法」などをいいます。最近は大学内でもマナーアップ（行儀作法の向上）が求められていますが、その中には「気持ちのよいあいさつ」、「上品なお辞儀」、「正しい姿勢」、「美しい歩き方」、「上手な話し方」なども含まれると理解しましょう。

例えば、あいさつのときの声はやや高めの方が感じよいし、お辞儀のときは頭をゆっくり下げて、ゆっくり上げると丁寧に見えます。特に若い人は、周囲の人に敬意を表する意味からも、姿勢に気を付けましょう。女性は立っているときも座っているときも、つま先もかかともきれいにつけます。男性は立っているときには、かかとをつけて、つま先は握りこぶし1・5個分くらい開きます。頭のてっぺんから腰は常にまっすぐにキープし、しゃがんだり、座るときにも、その姿勢を保ち、腰に意識を集中させて屈伸します。また、歩くときは背筋を伸ばして軽やかに歩くと美しいし、人と話すときは相手の目を見て話すと誠意が通じます。

学生が最低限のマナーとルールを身に付けるのは就職活動の基本です。あいさつや正しい言葉遣い、身だしなみ・態度、丁寧な電話の受け答えなど、マナーは最初に目につくものです。実際の仕事の場でスムーズに、しかも有利に仕事を進めるための最低限の常識です。

仕事と切り離せないマナーは、社会人としての資質を測る物差しとして重要視されているのです。就職活動を成功させるためにも、ビジネスマナーをしっかり身に付けることが大切です。以下、相手に好感を与えるマナーの5つのキーワード（あいさつ・笑顔・態度・身だしなみ・言葉遣い）について紹介しましょう。

(1) あいさつ

コミュニケーションは、あいさつから始まります。面接や会社訪問などで出会う人は、ほとんどが初対面です。明るい声の調子で、相手の目を見て、明るい元気な声で、ハッキリとあいさつしましょう。あいさつのポイントは自分から声をかけることと、時、場所、状況を心得て使い分けることです。また、あいさつの前後に相手の名前を組み込むと効果的です。

①お辞儀の順序

お辞儀は頭を下げるだけでなく腰を折ります。また、視線の動きも大切です。お辞儀をするときは必ず相手の目を見るようにし、頭を下げている間だけ視線を外します。

まず背筋を伸ばす
（背を丸めない）

相手の目を見てあいさつの言葉を言う

頭を下げるときは目線も下げる
（顎を上げない）

頭を上げて再び相手の目を見る

②お辞儀のしかた

(ア)力まず、正しい姿勢をとる
(イ)頭を下げる前にアイコンタクトをとる
(ウ)2メートルぐらい先に視線を定める
(エ)角度にすれば30度ぐらい前傾させる
(オ)頭を下げ一呼吸おく。頭を上げたらもう一度アイコンタクトをとる

(2)笑顔

あいさつの際の笑顔は人の心を和ませます。また、話すときに笑顔を添えると好感の持てる話し方になります。笑顔は信頼関係を作るきっかけにもなるので気持ちのよい笑顔を心がけましょう。まずば、「目は優しげに、口元は口角を上げる」ようにして笑顔トレーニングを行ってください。

(3) 態度

態度で大切なのは、まず視線です。視線が定まらないと、幼稚で未熟な印象を与えてしまいます。キョロキョロしたり下を向いたりせずに、ゆったり相手の目を見るようにしましょう。テキパキとした動作で、相手に好感と安心感を与えるようにしましょう。

(4) 身だしなみ

おしゃれと身だしなみは異なります。おしゃれは自分のためにするものですが、身だしなみは相手に対するものです。

身だしなみは、面接への意気込みを示すものです。仕事への姿勢を示すものと捉え、さわやかで清潔感のある身だしなみを心がけましょう。また、TPO（時と場所と場合）に合った服装を心がけます。「清潔感・上品・控え目」が身だしなみの3原則です。

(5)言葉遣い

言葉遣いは心遣い・気遣いを形に表したものです。人と話すときは、相手に好感を与えるような心のこもった言葉で話しましょう。要は、言葉遣いとは、心を込めた、自分自身の声で、和やかな雰囲気で、やさしい表現で話すことです。基本は丁寧語を使いますが、相手や場面に応じて尊敬語や謙譲語を使います。丁寧語は「です・ます」など丁寧な表現をすることで相手に敬意を示します。尊敬語は目上の人への敬意を示すもので目上の相手に対して使用します。謙譲語は自分を低い位置に置くことで、相手に敬意を示すもので自分や自分の身内に対して使用します。頻度の高い基本的な敬語を覚えて、使い慣れていくことが大切です。

参考までに、使用頻度の高い敬語（動詞）を次表に示すこととします。

（図表）使用頻度の高い敬語（動詞）

	尊敬語（相手に使用）	謙譲語（自分に使用）	丁寧語
する、やる	なさる、される	いたす	します
いる	いらっしゃる	おる	います
言う	おっしゃる	申す、申し上げる	言います
聞く	お聞きになる	伺う、拝聴する	聞きます
行く	いらっしゃる、行かれる	参る、伺う	行きます
来る	いらっしゃる おいでになる	参る、伺う	来ます
見る	ご覧になる	拝見する	見ます
会う	お会いになる	お目にかかる	会います
食べる	召し上がる	いただく	食べます
読む	お読みになる	読ませていただく	読みます

出所：ベネッセi-キャリア編集協力『就職ガイドブック』82頁（２０１９年）をもとに作成（著者一部追加・修正）。

もし、敬語の使い方に自信がない場合は、「恐れいりますが」、「せっかくですが」、「失礼ですが」、「もし差し支えなければ」などクッションとなる言葉を冒頭に付けて、あとは「です・ます」の丁寧語で話せば印象はかなり良くなります。敬語はもともと、お互いが相手を尊重し、対等な立場になって率直に話すための有力な手段であることから上手に活用して、円滑な人間関係を築くことが大切です。

（図表）相手に好感を与えるマナーの5つのキーワード

①あいさつ
②笑顔
③態度
④身だしなみ
⑤言葉遣い

2. 名刺交換のマナー

名刺は自分の「顔」に当たるものであり、初対面の相手と名刺交換のマナーによって、第一印象が大きく左右されます。自分の名刺が汚れていないか、折れていないか、枚数が足りなくなる心配はないか、名刺入れや胸ポケットに入っているか、などを事前にチェックしておきましょう。スマートな名刺交換をするために、名刺入れはすぐに取り出せるようにしておくことが大事です。しまう場所を決めておきましょう。名刺は「これからのお付き合いをよろしくお願いします」という意味を込めるので、訪問した側から先に出します。会社を訪問するときは、いつでも名刺を差し上げられるように、名刺入れから自分の名刺を1枚取り出して、ふたの間に挟んで持つとよいでしょう。また、相手がお客さま、または目上の人なら、自分が先に出します。複数の人がいる場合は、役職が上の人から出します。受け取る側が複数の場合も、役職が上の人から差し出します。名刺は、双方が立ち上がって、通常、次のように受け渡しするのがマナーです。

(1) 名刺を差し出すとき

両手で、腰よりも高い位置で差し出し、同時に大学名（または社名）と氏名を名乗ります。名刺は相手が読める方向に向けて出します。

(2) 名刺を受け取るとき

左手に右手を添えて、腰の高さで受けとります。名刺を受け取りながら、「○○様ですね」と確認します。特に名前の読み方が分からないときは、「失礼ですが、何とお読みするのでしょうか?」とその場で聞いておきます。なお、相手の名前や社名が指先で隠れないようにしましょう。

(3)同時に交換するとき

自分の名刺は右手で差し出し、相手の名刺は左手で受け取ります。訪問者側または目下の人のほうの名刺が低い位置になるように注意します。

(4)名刺を受け取ったあと

相手の名刺は、話が終わるまで、テーブルの上に自分が読める方向に向けて、出しておきます。相手が複数なら、テーブルの向こう側の人の配置に合わせて名刺を並べておくと、名刺と人の照合ができます。

さくいん

〈参考書〉

赤堀勝彦『インストラクションスキル―眠くさせない講義・講演のすすめ方―』（保険毎日新聞社、2011年）
相原博之『誰でもできる！プレゼンテーション入門講座』（ぱる出版、2002年）
麻生けんたろう『人前で30分話すためのプロの実践テクニック』（同文舘出版、2018年）
池上彰『相手に「伝わる」話し方』（講談社、2002年）
大隈秀夫『分かりやすい日本語の書き方』（講談社、2003年）
大野晋『日本語練習帳』（岩波書店、1999年）
小野田博一『論理的に書く方法―説得力のある文章表現が身につく』（日本実業出版社、1997年）
金井英之『「上手な話し方」が自然と身に着く45の法則』（こう書房、2002年）
轡田隆史『「考える力」をつける本―新聞・本の読み方から発想の技術まで』（三笠書房、1997年）
齋藤孝『原稿用紙10枚を書く力』（大和書房、2004年）
坂上肇『話し方の技術』（海南書房、1969年）
佐藤高史『最強のプレゼンテーション　完全マニュアル』（あさ出版、2001年）
ダイヤモンド社編『自己啓発３６のポイント』（ダイヤモンド社、1967年）
高橋昭男『仕事文の書き方』（岩波書店、1997年）
高橋弘樹『1秒でつかむ』（ダイヤモンド社、2018年）
田中京子『成功するプレゼンテーションの技術』（実業之日本社、2002年）
西野浩輝『仕事ができる人の5日で身につく「伝える技術」』（改訂版）（東洋経済新報社、2012年）
野口吉昭『考え・書き・話す「3つ」の魔法』（幻冬舎、2009年）
PHP研究所編「（特集）文章を書く技術」『ほんとうの時代』（1997年6月号）
プレジデント社編「（特集）解決！　書く技術」『PRESIDENT』（2005年10月17日号）
プレジデント社編「（特集）一流のマナー超入門」『PRESIDENT』（2014年5月5日号）
松本幸夫『図解 スティーブ・ジョブズのプレゼン術』（総合法令出版、2011年）
三宅隆之『実践プレゼンテーション』（慶應義塾大学出版会、2006年）
安田賀計監修『文例・用語ハンドブック』（PHP研究所、1989年）
山﨑康司『入門考える技術・書く技術―日本人のロジカルシンキング実践法』（ダイヤモンド社、2011年）

《上級者向け参考書》

ウイリアム・リード（Reed W.）『世界最高のプレゼン術』*"World Class Speaking"*（KADOKAWA、2014年）
ガー・レイノルズ（Reynolds G.）『世界最高のプレゼン教室』*"The ART of Storytelling"*（日経BP社、2017年）
Carroll K. and B. Elliot, *Make Your Point! Speak clearly and concisely anyplace, anytime,* Kevin Carroll and Bob Elliot c/o KJC Communications, 2009 (高松綾子訳『ビジネスは30秒で話せ！短く、魅力的に伝えるプレゼンの技術』（すばる舎、2015年））
Donovan, J, *How to deliver a TED talk* (Revised and Expanded New Edition), Jeremey Donovan c/o Eric Yang Agency Inc., 2014（中西真雄美訳『TEDトーク世界最高のプレゼン術』**【実践編】**（新潮社、2015年））
Gallo, C, The *Presentation Secrets of Steve Jobs; How to Be Instantly Great in Front of Any Audience,* the McGraw-Hill Companies, Inc., 2010（井口耕二訳『スティーブ・ジョブズの驚異のプレゼン―人々を惹きつける18の法則』（日経BP社、2010年））
Gallo, C, *Talk Like TED: The 9 Public Speaking Secrets of the World's Top Minds*、 St. Martin's Press, LLC., 2014（土方奈美訳『TED驚異のプレゼン―人を惹きつけ、心を動かす９つの法則』（日経BP社、2014年））
Varley N., *Winning Communications for the World Stage,* 2014（佐久間裕美子訳『日本はこうしてオリンピックを勝ち取った！ 世界を動かすプレゼン力』（NHK出版、2014年））

〈著者紹介〉

赤堀勝彦（あかぼり　かつひこ）

〈略歴〉

1964年3月　早稲田大学商学部卒業
1964年4月　日本火災海上保険（株）（現　損害保険ジャパン日本興亜（株））入社
ニューヨーク駐在員事務所長、能力開発部主管等を経て
2002年4月　長崎県立大学経済学部、大学院経済学研究科教授（〜2007年3月）
2007年4月　長崎県立大学名誉教授
2007年4月　神戸学院大学法学部、大学院法学研究科教授（〜2012年3月）
2012年4月〜現在　神戸学院大学法学部、大学院法学研究科非常勤講師
日本リスクマネジメント学会理事
ソーシャル・リスクマネジメント学会理事
博士（法学）、CFP® 認定者、1級FP技能士、
産業カウンセラー

〈主要共編著書〉

『損害保険の基礎』（経済法令研究会、1995年）
『生命保険の基礎』（共著）（経済法令研究会、1996年）
『リスクマネジメントと保険の基礎』（経済法令研究会、2003年）
『最近のリスクマネジメントと保険の展開』（ゆるり書房、2005年）
『企業リスクマネジメントの理論と実践』（三光、2008年）
『企業の法的リスクマネジメント』（法律文化社、2010年）（日本リスクマネジメント学会賞受賞）
『カウンセリング入門―職場における心のリスクマネジメント―』（三光、2010年）
『インストラクションスキル―眠くさせない講義・講演のすすめ方』（保険毎日新聞社、2011年）
『実践 リスクマネジメント』（三光、2012年）
『ライフキャリア・デザイン―自分らしい人生を送るためのリスクマネジメント―』[改訂版]（三光、2012年）
『保険のしくみが分かる本』（金融ブックス、2014年）
『ベーシック　リスクと保険用語辞典』（金融ブックス、2015年）
『リスクマネジメント入門―いま、リスクの時代を生き抜くために―』（保険教育システム研究所、2017年）
『実践 企業リスクマネジメント―最適な保険設計のために―』（編著）（保険教育システム研究所、2018年）
『ＦＰ基礎―ファイナンシャル・プランニング』[五訂版]（保険毎日新聞社、2018年）
『危機管理政策入門―危機に対してどのように立ち向かうか―』（編著）（保険教育システム研究所、2018年）
『超低金利時代のマネー＆ライフプラン〜パーソナルファイナンスのすゝめ』[改訂版]（保険毎日新聞社、2019年）　他

就活生・新社会人のためのプレゼンテーション入門
～自己紹介からはじめるプレゼンテーションスキル　改訂版

2014年11月７日　初版第1刷発行
2016年12月５日　初版第2刷発行
2019年８月８日　改訂版第1刷発行

著者　赤堀勝彦
発行所　㈱保険毎日新聞社
〒101-0032東京都千代田区岩本町１－４－７
TEL03-3865-1401／FAX03-3865-1431
URL http://www.homai.co.jp
発行人　森川正晴
デザイン　中尾 剛
イラスト　田中マコト
印刷・製本　株式会社バズカットディレクション

ISBN　978-4-89293-424-7